レイトトーカーの理解と支援

Late

LT

alker

ことばの遅れがある子ども

編著…田中裕美子
著……遠藤俊介・金屋麻衣

学苑社

はじめに

　子どもの言語の問題は最初ことばの遅れであらわれます。そのことばの遅れはたいてい2〜3歳ぐらいで気づかれますが、4歳前の子どもたちのことばの発達は個人差が大きいため、単にゆっくりなだけで心配しなくてよいのか、それとも重大な問題のサインで対応が必要なのかを判断するのはとても難しいです。しかもレイトトーカー（LT）と言われる子どもは、日常生活では理解やコミュニケーションに支障はなく、検査でも聴覚障害、知的な遅れ、社会性の問題などが認められません。そのためこれまではいずれ追いつくので心配はない子どもたちと捉えられてきました。確かに2〜3歳のことばの遅れは障害とはいえません。しかし、近年、新しいアプローチ法を用いたLT児のことばについての研究が進み、どうもことばへの反応や習得の仕方が定型発達児とは違うかもしれないと示唆する結果が出てきたり、中には追いつかない子どもがおり、言語の発達障害（特異的言語発達障害 SLI）のサインである場合やASDなどの発達障害の場合が含まれることなどがわかってきました。従って、2歳のことばの遅れに対して、まだ小さいので「様子を見ましょう」という対応は適切とはいえません。むしろことばの発達評価、その後の経過観察、保護者ができる支援法のサポートなどが早期から必要です。

　本書では、新しい研究知見に基づいてLTをどのように捉えるか、LT児はどこが弱くつまずいているかなどについて深く掘り下げます。また、子どもの個別事例を挙げ、ことばの評価にはどのような検査を行うか、子どもや保護者にどのような支援を行うかについても紹介します。さらには、ことばの遅れが気になっている保護者や保育士が、子どもがLTかどうか、また、いずれ追いつくかどうか、専門家に診てもらった方がよいかの判断に使えるチェックリストも作成しました。

　本書は、乳幼児の保育、療育、教育、治療に関わっておられる言語聴覚士、臨床心理士、保育士、保健師などの専門職の方々には最新の情報を、乳幼児を育てている保護者には日々の生活や臨床に役立つ情報を提供することを目標にしています。本書を通してLTや言語の問題についての理解が進み、ことばの

遅れがある子どもが置きざりにされることなく、必要な評価・支援がタイミングよく受けられ、言語発達が効果的に促され、将来の言語や学習のつまずきを予防するために実際的な一助となることを願っております。

令和5年4月1日

田中裕美子

目 次

はじめに　1

第1章

レイトトーカーとは？ 　　　　5

1　レイトトーカー──原因がわからないことばの遅れ　5

2　原因不明の LT の原因　9

3　LT 児は何につまずいている？　15

4　追いつく LT 児と追いつかない LLT 児　27

コラム1　乳幼児発達健診での LT 児発見と対応　36

第2章

だれが、どうやって LT を見つけるのか？ 　　39

1　事例1　ことばが出ない1歳6か月のAくん　40

2　事例2　ことばを話すようになった2歳のBちゃん　41

3　事例3　質問にことばで答えられない3歳のCちゃん　42

4　事例4　簡単な会話はできるが
　　　　　周りの子を見ながら動く3歳（年少）のDくん　43

コラム2　小児科での追跡調査の試み　45

第3章

LT ってどんな子？ 　　47

1　事例1　まだ単語が出ないEくん（1歳6か月）　48

2　事例2　単語がなかなか増えないFちゃん（2歳1か月）　51

3 事例3 2語文がなかなかでないGくん（2歳6か月）　55

4 事例4 全般的発達を疑うHちゃん（2歳4か月）　59

5 事例5 自閉スペクトラム症を疑うIくん（2歳0か月）　62

コラム**3** SLI（特異的言語発達障害）　65

第**4**章

LTへの適切なアプローチ　67

1 「ことばの遅れ」を心配する保護者をどう支援するか？　67

2 「ことばの遅れ」を適切に評価する　71

3 LTであることが疑われたら　77

4 「文の多様性による評価」「トイトーク」の理論的背景　83

5 「トイトーク」によることばかけ指導　90

コラム**4** ICD（疾病及び関連保健問題の国際統計分類）11とLT　102

第**5**章

LT児の将来のリスク　105

1 LTの言語の問題──量的か質的か　105

2 追いつかないLT児　107

3 将来のリスクを予測する項目　109

4 LT児はリテラシーや学習が遅れる？　110

5 後のリスクの予測性が高い
キャッチアップの項目をチェックしてみよう　113

おわりに　122

第1章

レイトトーカーとは？

田中裕美子

1 レイトトーカー──原因がわからないことばの遅れ

（1）ことばの遅れとレイトトーカー

　幼い子どもにことばの問題が生じることはありますが、2歳、3歳になって
もあまりことばを話すようにならないと、ことばの発達の遅れとして周りが気
づきます。このようなことばの遅れ中にも、耳の聞こえ、知的な発達、人との
コミュニケーション、ことばの理解などに問題がない場合があることがわかっ
てきました。Rescorla & Dale（2013）はこのような原因不明のことばの遅れ
をレイトトーカー（Late Talker: LT）と呼びました。LT児の追跡研究の先駆
者であるRescorlaら（1997, 2000, 2005, 2009）は、2歳児の10〜15％にLT
が生じ、そのほとんどが3歳までに追いつき、6〜7歳での言語や読みの検査
成績が定型発達の範囲内に入るようになると報告しています。そして、LT児
は学童期や青年期を通して成績が平均内とはいえ常に平均より低いことも判明
しました。そこで、Rescorlaらは、LT児は定型発達児（以下、TD児）と質
的に異なってはいないが、言語の成績は低いため、障害というより言語が弱い
と捉えるべきであると判断しました。発達健診や保育などの現場でもLT児の
ようにことばは話さないが他に問題がないように見える2〜3歳児は、「その
うち追いつく」「集団に入れば必要に迫られて話すようになる」と、「しばらく
様子を見ましょう」と助言される場合が少なくありません。このような臨床的
判断は、Rescorlaらによる研究結果と一致しています。

　しかし、近年2〜3歳児に広くスクリーニング検査を行ってLT児を発見し

た後、発達を追跡する研究が増え、それとともに Rescorla らとは異なる結果を示すものが出てきました。つまり、LT 児の中には追いつかず言語発達障害に至る場合がある、学童期・青年期に学習やリテラシーの習得につまずく場合がある、自閉スペクトラム症（以下、ASD）などの他の発達障害がある子どもが含まれるなどが明らかになってきました。

そのため早期のことばの遅れはそのうち追いつくだろうという一辺倒の答え方は適切ではありません。しかも欧米では LT 児の追跡調査の結果が蓄積され、「様子を見ましょう」という対応では言語に問題がある子どもを見過ごしてしまう上に、ことばを年齢相応に話さない子どもの保護者の不安やストレスが置き去りにされているという批判が大きくなっています（Singleton, 2018）。

このように早期のことばの遅れ、LT は子どもによっては深刻な言語などの問題のサインでもありますので、幼い子どもの養育、保育、相談業務などに携わる人々に適切な理解と対応が望まれます。コラム 1 では、乳幼児の発達検診で LT 児の早期発見や言語発達障害の予防につながる視点を解説しました。

（2）LT かどうかの判断

子どもが LT かどうかの判断は、表出できる（話している）ことばの数（表出語彙）や文の数で行います（表 1-1）。おおよそ 1 歳ごろになると、大人が認識できることば（初語）を話し始めるのが一般的で、LT 児は初語が遅いことが多いのですが、1 ～ 2 歳の間では子どもが話すことばの数は個人差が大きいために LT かどうかの判断は 2 歳すぎてから行われます。一般的には、年齢が 2 ～ 3 歳で知的遅れ、言語理解や社会性の問題がないが、表出語彙（話すこ

表 1-1　24 ～ 39 カ月児が LT かどうかの判断に用いる項目

LT 児の判断に用いる項目（24 ～ 39 か月）
・表出語彙（50 語以下）＊
・2 語文がほとんどない
・日常生活で理解に問題がない
・知的な遅れがない
・人のコミュニケーションに問題がない

＊　日本語マッカーサー乳幼児言語発達質問紙（MCDI）による

とばの数）が50語以下で、2語文（「ママ　ごはん」「ブーブー（車）ちょうだい」など）がほとんど認められない場合、LTと判断します。子どもの個別評価が難しい健診などでは、日本語マッカーサー乳幼児言語発達質問紙（MCDI）（綿巻・小椋，2004）などの保護者のチェックリストを用いて表出語彙の数を判断します。また、子どもの観察が可能な場合は、遊びや絵本を読む場面などで2語文を言うかどうかが評価のポイントになります。

　最近ではLTが2歳児の13〜15％に生じること、男の子の方が女の子より3倍生じやすいことがわかっています。また、親族内に言語の問題がある人や発達障害がある人がいる場合、子どもが未熟児や低出生体重児の場合も多いことが報告されています。ただ、LT児は話すことが少ないわりにことばの理解や人との関係にはそれほど問題がなく、日常生活のコミュニケーションには支障がないために周囲から見過ごされ、そのまま放置されることが少なくありません。

（3）LTが深刻な問題のサインの場合は

　LTと言っても同質単一の集団ではないため、LT児がすべて追いつくわけではありません。そこで、LT児にはいろいろな発達のパタンがあるということについて図1-1を用いて具体的に見てみましょう。この図は、Samuelson（2021）を参考に日本語マッカーサー乳幼児言語発達質問紙（MCDI）による調査結果に基づいて16か月から30カ月間の表出語彙の伸びをパーセンタイルごとに示したもので、上の楕円はTD児を、下の円は語彙数が少ないLT児を示しています。この図から明らかなように、2歳児の表出語彙は0語から500語を超える範囲にあり、2歳児の平均的表出語彙数は50パーセンタイル付近（220〜240語）になります。そして、語彙の発達軌跡（どのように増えるか）を見ると、LT児（下の円）の中にはBの矢印で示されるように3歳ごろまでに追いつく子どもがいますが、約75％がこれに入ります。一方、Dの矢印で示されるようにそのまま表出語彙が伸び悩み言語発達障害などに至る子どもがいます。また、TD 2歳児（上の円）の中にもCの矢印が示すように途中から伸び悩む子どももいます。約10,000人の子どもの3歳と5歳の時の調査結果を分析したZambranaら（2014）によると（研究の詳細は第5章参照）、年令は図1-1より以降になりますが、3歳児の8％、5歳の9.5％にことばに遅れ

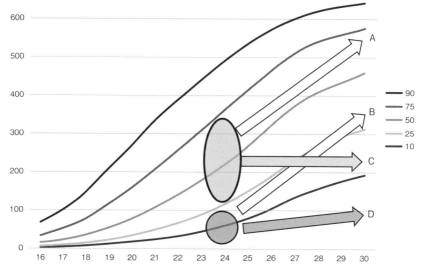

＊男女の平均値＝（男子の表出語彙平均＋女子の表出語彙平均）÷2

＊男女の各平均値データ引用元：綿巻徹・小椋たみ子（2004）．日本語マッカーサー乳幼児言語発達質問紙「語と文法」手引き．京都国際社会福祉センター．

出典　Samuelson, L. K.（2021）. Toward a precision science of word learning: Understanding individual vocabulary pathways. Child Development Perspective, 15（2）, 117-124.

図 1-1　日本語マッカーサー乳幼児言語発達質問紙を用いた語彙発達の軌跡

が認められました。そして、その中で3歳から5歳まで遅れが継続した（Dの矢印）のは全体の3％で、5歳には追いついていた（Bの矢印）のは5％であったということです。そして、遅れが継続した子どもには男児が多く、言語理解力が低いということがわかりました。さらに、3歳の時には遅れは認められなかったが、5歳で遅れが認められた子ども、遅発性言語発達障害（Cの矢印）は6.5％いたとのことです。

　このように1〜2歳でことばの遅れが認められると、追いつく場合と追いつかない場合があります。また、中には4〜5歳になって遅れが生じるなどさまざまなパタンがあることがわかってきましたので、乳幼児の発達健診には言語発達の経過を確認することが必要であるとわかります。そして、このような追跡研究の結果から欧米ではLTかどうかの判断は2〜3歳で、言語発達障害に

至るかどうかの判断は 4 ～ 5 歳で行うことが推奨されています（Singleton, 2018）。

　近年、図 1-1 の発達軌跡の違いが何によるのかを見つけるために、さまざまな子どもの属性、例えば、性別、出生順、出生体重などの影響が検討されています。しかし、残念ながら今の時点で確実なことはわかりません。特定が難しい理由の 1 つとして、現在使われている発達検査法では言語発達を支える子どもの力を測り切れていないということがあります。特に、子どもが小さい場合、子どもに直接何かテストなどを実施するより、保護者に質問して判断するため、子どもの本当の力を測り切れていないということが予想されます。そこで、本章では最近の研究結果から LT 児の発達軌跡に影響するもの、例えば、どこが弱いのか、どこでつまずいているか、その背景には何が考えられるかなどについて探り、理解を深め、支援につなげるヒントを提案します。

2　原因不明の LT の原因

　LT 児は原因不明のことばの遅れと言われていますが、より深く子どもを理解し、効果的な支援法を見出していくために、考えうる原因を探り、そのメカニズムの解明が必要です。そこで、まず LT の原因ではないかと考えられている子どもの能力について見ていきます。

（1）LT 児は周囲のことばを受け止める力が弱い

１）音韻知覚の弱さ

　子どもには生まれてしばらくはどの母語かにかかわらず、世界中の言語に存在するほぼ全ての語音を聴覚的に弁別する能力があります。そして、そのユニバーサルな音韻知覚能力は、母語特有の音韻体系に影響を受け、だんだん周囲の大人に近い知覚特性を示すようになります。例えば、日本人は英語の /r/ と /l/ の弁別が得意ではありません。それは、日本語には 2 つの音の区別がなく、全て /r/ で発音され、表記されるからです。Kuhl ら（2008）によると、この日本語特有の弁別できなさは生まれもったものではなく、発達早期のある時点から観察されるようになります。それについて図 1-2 の英語圏の赤ちゃ

んと日本語圏の赤ちゃんのイラストで考えてみます。図 1-2 の左側は生後すぐの時期で、英語圏の赤ちゃんも日本語圏の赤ちゃんもすべての語音を聴き取れています。図 1-2 の右側（生後 9 ～ 10 か月ごろ）では、英語圏の赤ちゃんは、/r/ と /l/ は別の音として捉えますが、日本語圏の赤ちゃんは 2 つを同じ音として捉えます。このように非常に早くから周囲の生活言語に使われている母語の語音に影響を受けながら赤ちゃんが母語に集中し、吸収するため、迅速に母語の習得ができると考えられています。さらに、Kuhl ら（2008）は、生後 7 か月ころに母国語の語音弁別ができた子どもは、できなかった子どもよりその後（1 歳 6 か月、2 歳、2 歳 6 か月）の言語発達検査の成績がよかったと報告しています。つまり、音韻知覚が早期から長けた子どもは言語習得が早いということでもあります。また、Fernald & Marchman（2012）は 18 か月時にどのくらい速くことばを認識するかを調べると、その後で追いつく LT 児と

出典 Kuhl, P. K., Conboy, B. T., Coffey-Corinal, S., Padden, D., Rivera-Gaxiola, M., and Nelson, T. (2008). Phonetic learning as a pathway to language: new data and native language magnet theory expanded (NLM-e). Philosophical Transactions of the Royal Society B, 363, 979-1000. を参考に著者ら作成

図 1-2　Kuhl の音韻知覚にもとづいて

追いつかない LT 児を区別することができると報告しています。さらに、Chen ら（2016）は、画像診断技術を使って 4 歳で追いついた LT 児と追いつかなかった LT 児の中国語特有のトーンの違いを知覚する力を比較すると、追いつかなかった LT 児に知覚の弱さが認められました。そのためトーンの違いを知覚する力の弱さがことばの遅れの原因の 1 つであると示唆しています。これらの研究結果から、LT 児は母国語の音韻を知覚する力に弱さがあるようです。そのため母国語に使われている語音に気づき、ことばを知覚、吸収するのに時間がかかると推測されます。

2）ことばがもつ統計的特性（音韻的近似性）を分析する力の弱さ

　Stokes ら（2010, 2012, 2014）は、ことばがもつ統計的特性（生起頻度 WF と音韻的近似性 ND）に焦点を当てて、子どものことばの習得を分析すると、乳幼児は最初 WF や ND が高いことばから習得するといいます。生起頻度 WF が高いことばとは、周囲の大人がたくさん使っていることばのことですので、子どもはよく耳にするため、子どもが WF が高いことばから習得するのは容易に想像できます。また、ここでいう音韻的近似性 ND が高いというのは、例えば、bird, bad, burp, bed, bud などのように似た音を含むことばが多いということです。Stokes らは、3 つの言語圏（英語、フランス語、デンマーク語）の子どもたちの表出語彙の WF と ND について調べました。その結果、参加した子ども（英語 220 名、フランス語 208 名、デンマーク語 894 名）はどの言語でも表出語彙が多い子どもは音韻的には関連が低い（ND が低い）ことばを多く習得しているのに反して、表出語彙が少ない子どもは ND が高いことばを習得していることがわかりました。つまり、語彙が少ない子どもは音韻的に似た、音韻近似性が高い（ND が高い）ことばを主に習得していました。実は、ことばの習得し始めには音韻的近似性 ND の高いことばが多いことがわかっているため、Stokes らはことばの遅れた LT 児は、語彙を増やしていく初期のストラテジーである「似た語音に目を向け習得するストラテジー」を使う段階に長くとどまり、異なる語音をもつことばに広げていくためのストラテジーに移行できないでいると解釈しました。ただ、表出語彙の少なさの原因は ND が高いことばを主に覚えているためであるというような単一の説明では難し

いですが、Stokes らが提案するように、語彙発達の評価に語彙に含まれること
ばの音韻的近似性についても検討する、子どもへの大人のことばかけの検討に
意味や文法だけでなく音韻的近似性も含めるなどが役立つと考えられます。

（2）構音の弱さがある LT 児

　音声発達の調査結果から、子どもは表 1-2 にあるような音が 3 歳までに出
せるようになります。このような発声の進化は、大人の方を最初に見て、そし
て微笑むというような、非言語（ことばを使わない）コミュニケーションの発
達とともに見られるようになります。一方、表 1-2 にある音やことばを話す
ようになっても、周囲の大人がそれを理解できないという場合があります。こ
れはことばの明瞭度（わかりやすさ）が低いためですが、Coplan & Gleason
（1988）は、年齢に伴って語音の習得が進まず、出せる音の明瞭度をあげられ
ない子どもは、単なることばの遅れだけでなく言語の発達障害があると指摘し
ています。ことばの明瞭度は発達にともなって上がりますが、2 歳では話して
いることばの 50 ％は不明瞭です。そして、2 歳 6 か月ころには日々接してい
る家族や保育士だと 80 ％が明瞭になり、4 歳では 100 ％が明瞭になるといわ
れます。つまりことばらしきものを話し出したが、2 歳ころの子どもが話して
いる半分は何を言っているかわからない場合もあるということです。
　Rescorla（2011）は追跡調査の結果、LT 児はことばの習得の遅さだけでな
く、構音の習得の遅れも大切なサインであるといいます。Hodges ら（2017）
は、2 歳（25 〜 29 か月）の TD 児と LT 児各 26 名に実施した構音テストの反
応を分析しました。この構音テストは単語を命名（名前を言う）もしくは復唱

表 1-2　3 歳までに構音できる音やその音を含むことば

音	含むことば	音	含むことば
/p/	パン　アンパンマン、パンダ	/d/	だめ、だっこ
/b/	バナナ、バス	/n/	ネンネ、なに
/m/	マンマ、ママ、	/j/	いや、やって
/t/	とって、あった、みて	/ty（ちゃ、ちゅ、ちょ）/	ピカチュウ、ちょうだい

する方法で行われ、子どもの反応は無反応、プロトワード（目標語を構音しようという試みとは言えない音声反応、/na//ada/ など）、違うことばを言う反応、正しい構音、よくある音韻的エラー（小さい子どもによく認められる構音のエラー）、稀な音韻的エラー（語頭子音の省略など）の6つのタイプに分類できました。そこで、TD 児と LT 児のそれぞれに認められた構音テストの反応を比べると、予想通り TD 児の方が LT 児より正しい構音の反応が多いことに加え、無反応、プロトワード、違うことばを言う反応は LT 児にしか認められないことがわかりました。さらに、Hodges らは LT 児を構音テストの反応でグループに分けしました。

　そして、このグループ間で理解や表出語彙、認知、気質などを比較したところ、適切かほぼ適切な反応をしたグループは他のグループより表出語彙や音韻表出の検査成績が良いという結果になりました。Hodges らは、これらの結果から、①LT 児は TD 児より構音発達の遅れが認められる、②特に、構音検査への反応が無反応、プロトワードが多い LT 児は言語発達障害のリスクが高く、経過観察もしくは言語指導を検討する必要がある、③2〜3歳児の構音評価は自然な遊びの中での観察が多いが、命名や復唱などの構造化された評価を用いないと構音発達のプロフィールはつかめないことに留意する、などを示唆しています。つまり、LT 児の中でもことばを適切に構音できる場合はあまり心配ありませんが、正しく構音できず、無反応やプロワードなどが認められる LT 児は、言語の問題が伴う可能性が高く、個別の言語検査や経過観察が必要であることがわかります。

（3）語彙の少なさと文の発達の遅れ

　子どもが1歳6か月ごろ、語彙数が50語を超えだすと、ことばがつながる2語文と言われる最初の文が出てきます。2語文とは、「ワンワン　おうち」「アレ　とって」「ちょうだい　マンマ」などで、単語だけでは表せない新しい意味が表現できるようになります。ただし、単なることばの繰り返しや決まり文句「ヨーイ　ドン」「発車　オーライ」「レッツ　ゴー」などは2語文には含めません。

　例えば、「ワンワン」だけを言っている場合、犬がいる、犬がかわいいなど

を示しているにすぎませんが、「おうち」ということばをつなげて「ワンワン　おうち」という場合、犬のおうち（犬小屋）、犬が犬小屋にいる、犬が犬小屋に帰ったなど、子どもが話した場面や文脈によってさまざまな意味関係を示すようになります。これまで述べてきたように LT 児は初語の遅れに加え 2 語文の表出も遅れるのですが、2 語文で表現する意味関係は TD 児と同じであるとも報告されています（Bornstein & Haynes, 1998）。

　ことばの数が増えると、2 語文で話す割合も増え、LT 児の 30 ～ 40 ％が 3 歳までにこの段階に達することがわかっています（Rescorla et al., 2000）。しかし、表出できることばの数が増えないと、2 つのことばがつながる段階に至らず、2 語文の割合も増えません。従って、LT 児を 2 語文の段階に促すためには、まず表出できることばの数を増やすことが大切なため、周囲の大人がさまざまなことばや文を使うことが必要になります。中でも、Hadley ら（2016）は、文の習得のためには名詞よりも動詞数を増やすことを勧めています（詳細は第 4 章を参照）。動詞の習得がなぜ文の発達につながるかというと、例えば動詞 find（見つける）は「何を」を示す目的語（the book 本）や「誰が」を示す主語（私 I found the book）を必要とし、また、「いつ起こったか」という時間的指標（aspectual marking）も考えることになり、動詞は自然に文を作ることにつながります。Hadely らは英語版 MCDI を用いて 21 か月から 30 か月まで定型発達児 45 名の追跡調査を行い、2 歳の時の動詞数が 6 か月後の文法の発達と関連していることや、動詞数が少ない子どもは文法の発達が遅いことを明らかにしました。そのため、LT 児の動詞数を MCDI などを用いて継続して評価することや、自然な遊びを観察するだけでなく、直接的に子どもに動詞を言わせるような課題を考案することが必要と言えます。また、第 4 章で文の習得を促す方法を紹介しますが、子どもが「ワンワン　おうち」や「ミーちゃん　だっこ」などことばをつなげ始めた場合、そのまま真似るのではなく、「ワンワンのおうちだね」「ミーちゃんを抱っこするね」など、短いが文法的に適切な文で返し、モデルを子どもに示すことが大切だと言われます。これによりことばとことばをどのようにつなげることができ、つながるとどんな意味になるのかについての理解が深まります。

3　LT児は何につまずいている？

　近年、Sansavinら（2021）は、13の言語圏で行われたことばの遅れや言語発達障害についての研究結果から共通項を分析し、**表1-1**に加えて子どものジェスチャーによる表出や文法の理解の遅れをLTの判定に加えることや、4歳には言語発達障害であるかどうかを判断すること推奨をしています。そこで、LT児の早期のジェスチャーの発達や早期のことばの習得におけるつまずきについて詳しく見ていきます。

(1) LT児はことばを話す前から遅れている？

1）LT児はジェスチャーが苦手

　表1-3は、1～2歳までの言語発達の指標を理解と表出の2つの面から示します。**表1-3**にあるように、言語発達はことばを話す前から始まります。まず、生後6か月を過ぎるとことばや大人の指さしに反応し、身近な人やものの名前、簡単な指示を理解し、反応するようになります。また、ジェスチャーや声で自分の要求を人に伝えるようにもなります。例えば、「ウーン」と首を横に振って「いらない」「いや」を伝えたり、「アー」と手を上げて大人の注意をひいたりなどの単純な動作です。また、初期のジェスチャーには（バイバイと）手を振る、（頂戴と）手の平を上にして差し出す、（抱っこしてと）保護者に向かって手を伸ばす（**図1-3**）などです。生後8～9か月ごろには、手に持っているものを見せて周囲の人の注意を引こうとします。また、目の前に出されたものや大人が指さしたものを見つめる、ものがある方を手指して知らせようとします。これらのジェスチャーは、人と注意や思いを共有したいという気持ちから生じますが、大人とのやりとりの中で繰り返すことでどんどんうまくなっていき、言語が現れる（ことばを話すようになる）前兆とも考えられています（Ellis & Thal, 2008）。

　Manwaringら（2019）は、ことばが遅れている3歳児30名の発達を振り返り、1歳6か月の時にコミュニケーションの発達検査を受けていた場面や親子が遊んでいる自然な場面で、指示的なジェスチャー（ものや人を指し示すため

表 1-3　早期の言語理解および表出の発達指標

月齢・年齢	言語理解の指標	言語表出の指標
生後〜3か月	・大きな音に驚く ・親が話しかけると静かになったり、微笑んだりする ・親の声を認識しているようで、話しかけると泣き止むことがある	・泣きだけでなく、それ以外の音（クーイング）を出す ・なんで泣いているか（お腹がすいた、オシメが濡れて気持ち悪いなど）鳴き声で親がニーズを認識できる ・人に向かってほほ笑む
生後4〜6か月	・大人の声のトーンの違い（あやしている、怒っているなど）に反応する ・音がした方を見る	・遊んでいる時に、クーイングや喃語など話しているような音を出す ・笑う
生後6か月〜1歳	・名前を呼ばれた時など、その方向を見る ・指を指された方（やもの）を見る ・名前やことば（バイバイ、おいで、ちょーだいなど）に反応し始める	・ジェスチャー（バイバイ、手を伸ばして抱っこを要求、いらないと横に首を振る、蓋を開けてと持っているものを渡すなど）を使う ・ことばを真似ようとする ・初語（1語か2語）を話す
1歳〜2歳	・簡単な指示（ポイして、片づけて、入れてなど）を理解する ・簡単な質問（これ何？、どこ？、だれ？など）がわかり反応する	・質問にことばやジェスチャーを使って答える ・新しいことばを話し、ことばの数が増える ・「これ何？」と名前を知りたがる ・ことばがつながってくる（2語文） ・言っていることばがわかりやすくなる

図 1-3　親に手を伸ばす（抱っこを要求）

の動作：指さし、見せる、渡す、リーチなど）、慣習的ジェスチャー（バイバイと手を振る、首を横に振る、頂戴と手を出すなど）、身振り（飛行機の真似など）や手話をどの程度使っていたかを調べました。すると、3歳でことばが遅れている子どもは、TD児に比してどの場面でも指示的・慣習的ジェスチャーをあまり使っていなかった

ことがわかりました。また、ことばの遅れがあった3歳児30名のうち12名はASDと診断されました。そして、そのASD児12名はそれ以外の18名より1歳6か月時に指さし、見せるなどの指示的ジェスチャーを使うことがなかったということです。これらの結果から、1歳6か月や3歳児健診などでことばの遅れが認められ、コミュニケーションにジェスチャーをあまり使わない子どもは遅れが継続する可能性が高いと言えます。また、その中でも指示的ジェスチャー（指さし、見せるなど）が見られない場合、ASDなどの発達障害が背景にある可能性があります。

2）ジェスチャーとことばとの関係は複雑

　子どもはことばを話し出してもジェスチャーを使い、ジェスチャーも豊富になりさまざまな身振り的ジェスチャーもするようなります。例えば、1歳ころになると、鳥の真似をして両腕を動かす、手を口に持っていき食べる真似をするなどのジェスチャーが現れますが、このような象徴的ジェスチャーは語彙の発達に関連しているという報告もあります。さらに、ジェスチャーとことばの組み合わせが頻繁に見られ

るようになる時期があり、これはことばとことばがつながる2語文の前段階と捉えられています。

　Suttoraら（2022）は、2歳6か月児が親と絵本を読むという場面で自発的なジェスチャー（指さし、象徴的ジェスチャー）や、ジェスチャーとことばをどのように組み合わせるかを調べました。その結果、LT児もTD児のように絵本の絵を指さすことが多く、ことばを補完するジェスチャーとことばの組み合わせ（例えば、絵本の犬の絵を指さして「ワンワン」と言うなど）も認められ、TD児と似ていたことがわかりました。このようにLT児全体では、ジェスチャーとことばの結合の使用については問題が認められません。しかし、LT児の男女で比べると、男児は女児よりジェスチャーが少ない傾向があるため、ことばの遅れた男児のジェスチャーの有無は経過観察の対象といえます。

　Rinaldiら（2022）は、2歳から6歳までの間ずっと定型発達を示した13名、2歳ではことばの遅れがあった（LTであった）が6歳では追いついた9名、6歳でも追いつかず言語発達障害と診断された13名の3つのグループの子どもたちが2歳ではどのような状態だったのかを比較しました。その結果、3つのグループは知的レベル、言語理解や言語表出、自発的にジェスチャーを使う、ジェスチャーとことばの結合など、ほとんどの点で違いがありませんでした。ただ、ジェスチャーをどのように使うかにグループ間に違いが認められ、言語発達障害に至った子どもはことばを言う前にジェスチャーで表す傾向があり、ことばの代わりというよりはことばを思い出すためにジェスチャーを使う傾向があったということです。ただし、3歳時の子どもの状態から追いつくかどうかの明らかな根拠を示すことはかなり難しいとも指摘していますので、LT児には経過観察が必要であるといえます。

　このように近年のLT児の研究結果では、ことばを話す前のジェスチャーの段階から遅れがあり、ジェスチャーの使い方がTD児とは異なるなどと報告されていますが、実は、ジェスチャーと言語理解や言語表出との関係についてはさまざまです。つまり、LT児はことばが遅れているのはその前段階のジェスチャーも遅れるという説、逆に、ことばが遅れている分、よりジェスチャーを使うのではないかといった予想ができます。O'Neill & Chait（2015）は、2～3歳のLT児のジェスチャーの使用は理解言語（どの程度ことばを理解してい

るか）に関連があったが、表出言語（どのくらいことばを話せるか）はなかっ
たと報告しており、ジェスチャーとことばの表出の発達との関係は単純でない
ことがわかります。しかしながら、ことばの遅れの評価項目に、親子の遊び場
面や絵本を一緒に読む場面でのジェスチャーの表出やジェスチャーとことばの
組み合わせの使用についての評価を含めることで、子どもの長所やつまずきに
ついて詳細な情報を得ることができます。また、ことばの発達を促す場合、前
言語期からのさまざまなジェスチャーの使用を子どもに促し、また保護者にも
促すと、親子のコミュニケーションが活発になり、言語発達にプラスに働くこ
とが予想されます。大事なことはこのようなジェスチャーの使用が大人と興味
関心を共有する機会につながること、さらに本来はことばで示すことをジェス
チャーで示すことによって、ことばの遅れた子どもの表現の機会につながると
いうことです。つまり、ジェスチャーやジェスチャーとことばの組み合わせを
使うと、言語理解や言語表出を促す機会にもなるということです。

(2) ことばの習得のプロセスのどこでつまずいているか？

　周囲の大人がことばと認識できる初めてのことばを初語と言いますが、LT
は初語も遅いことがわかっています。初語はたいてい1歳前後で見られるよう
になり、その多くは身近な人やものの名前（「ママ」「マンマ」「ワンワン」「ブ
ーブ」など）で幼児語が少なくありません。その後、すぐことばの数が増え始
め、1歳6か月には最低でも20語前後のことばを話し、「これ何？」「あれ
は？」と名前を頻繁に知りたがる命名期が始まって語彙が爆発的急増します。
このようにあっという間にことばを話し出すため、ことばの習得は簡単なもの
に見えます。しかし、子どもは大人のことばかけが指し示すものに注意を払
い、目に入る多くのものの中から大人が言っているものを選び、大人が意味し
たものとことばを結びつけるなど、知覚、弁別、認知能力をフル稼働してこと
ばを習得します。

1）早期のことばの習得に子どもが取り組むこと
　このような早期のことばの習得のプロセスを図1-4の食事中の子どもで確
認し、LT児はどこに難しさがあるかを考えてみます。この写真では、子ども

①即時マッピング：大人のことば「ごはん」と指示対象のご飯を
　結びつける
②関係や状況の記憶保持：しばらくの間、ことば「ごはん」と指
　示対象の関係やどのような状況で命名するかなどを覚えておく
③応用：別の食事の場面で指示対象を見た時に「ごはん」と認識
　する、これまで見たこともない別のご飯（例：炊き込みご飯）
　を見た時に似ている「ごはん」と認識するなど

図 1-4　「ごはん」ということばを習得するための 3 つのプロセス

は手に持ったスプーンでお茶碗のごはんを取ろうとしており、親が「ごはんも
たべようね」ということばかけをしています。もし、「ごはん」ということば
がこの子どもにとっては新しいことばとすると、子どもは今スプーンで食べよ
うとしているものが「ごはん」であると認識し、親が言ったことば「ごはん」
は、手に持っているスプーンやお茶碗ではなく、お茶碗の中のご飯（ことばが
示す対象）とを結びつけないといけません。このような大人が言ったことばと
対象を結びつける作業をマッピングを言いますが、TD 児ではことばを聞いた
時点ですぐ適切に行うことができるため、即時マッピング（fast mapping）と
呼ばれます（図 1-4 の①）。そして、子どもはこの「ごはん」ということばと
指示対象（ご飯）の結びつきをしばらく覚えておき（図 1-4 の②）、絵本やテ
レビなどの他の場面でご飯を見た時や別の食事場面にも応用し（図 1-4 の
③）、「ごはん」ということばの認識を深め習得を進めていきます。つまり、子
どもは日々の生活の中で、即時マッピング（ことば―指示対象の結合）、マッ
ピングを行った関係や状況・場面などについての情報の記憶・保持、さまざま
な他の場面での関係の応用の 3 つのプロセスを繰り返し行いながら、ことばの
習得を確実なものにしていきます。そのため、LT 児の場合、この 3 つのプロ
セスの一部もしくは全体に弱さがあると予想されます。

2）LT 児はことばの習得に必要な力＝統計的分析・習得力が弱い

　そもそもことばを習得するために行う即時マッピングもそれほど簡単なもの
ではありません。それを可能にするには、①親のことばかけ「ごはんもたべよ

うね」という語音の連続体から「ごはん」ということばを切り出す必要があります。と同時に、②目の前にあるもの、例えば、スプーン、お茶碗、コップ、テーブルなどからことば「ごはん」がどれを指しているかを決めます。そして、③「ごはん」と対象（お茶碗の中のご飯）とを結びつけ（マッピング）、「ごはん」ということばの意味を理解します。実は、これらの作業は日々の生活の中で子ども自身が行う統計的分析・習得力（Statistical learning）、視覚的探索、ものの認識などの力に支えられています。そこで、統計的分析・習得力について詳しく見ていきます。

　実は、子どもは生後すぐから環境からのINPUT（ことばかけを含め、ことばに関するすべての情報）に含まれる規則性を探すことがわかっています。その規則性は、音韻（どんな音がことばに使われているか）、（ことばや文の）意味、（文をつくるための）文法規則、語用（ことばの使い方）などです。例えば、子どもが耳にするINPUTは音の連続です。誰かが知らない外国語を話しているのを聞くと音がつながって聞こえます。このつながって聞こえているINPUTからどのように子どもは必要なことばを取り出すのでしょうか。

　人は言語をもつ唯一の生き物で、言語を習得するための能力（言語獲得装置ともいわれます）をもって生まれてきます。そして、その能力はどの言語にも通用します。つまり、日本人だから日本語の能力（または装置）をもっているわけではなく、どの言語でも習得できる状態で生まれてきます。そして、習得する言語についての知識はないので、乳児はつながっている音の中から母国語のことばを探すことになります。そこで、「ねこ」ということばを習得する場合を考えてみます。例えば、図1-5のように親が一緒に絵本を見ながら、猫の絵を指さしながらどんなことばをかけるでしょうか。「ねこ、ねこ、ねこ」とは言いません。むしろ「ほらねこだね」「ねこがいっぱいいるね」といった場面や状況の説明を含めたことばかけが一般的です。このような絵本の読み聞かせはことばの発達を促すといわれていますが、大人のことばかけから子どもはどのような恩恵を受けているのでしょうか。

　Saffranら（1996）は、生後8か月のTD児に人工的なことばを聞かせると、ことばの音節遷移確率（どの音とどの音の連続の確率が高いか）を発見し、ことばを区別することができるということを実験で確かめました。彼らが

子どもに聞かせた人工的なことばは pabiku のような複数の無意味語ですが、**pabiku**tutibugolabututibugikobagolabu**pabiku** のように連続させて聞かせました。すると、8 か月児は、/pa/ の次に /bi/、/bi/ の次は /ku/ が来ることが多いが、/ku/ の次に /tu/ が来る確率は低いことを見つけ、/pabiku/ はことばであるが、/kututi/ はあまり生じないのでことばではないと判断します。つまり、8 か月児は /pabiku/ と /kututi/ を統計的な規則性や生じる確率に基づいて弁別できるということで、これが乳児がおとなのことばかけに含まれる個々のことばを抽出する原理ではないかと考えました。

　図 1-5 の場面で考えると、親が一緒に絵本を見ながら、猫の絵を指さしながら「ほらねこがいっぱいいるね」ということばをかけた場合、まず子どもは親が目の前の絵にある対象（猫）について話しているということを認識することが必要です。そして親の「horanekogaippaiirune」の中から「らね /rane/」や「こが /koga/」ではなく、「ねこ neko」という部分をことばであると認識し、切り出すことが 8 か月児にできるということになります。

　さらに、Saffran らは、子どもが早期から見つけたことばと意味をどのように結びつけるかをことばの統計的規則性を操作して実験し明らかにしました。生後 17 か月児に次のような無意味語がつながった録音を 2 ～ 3 分聞かせて語音になれさせました。この無意味語の連なりには、統計的な規則性にもとづく

図 1-5　絵本場面での大人のことばかけ（INPUT）

内的な結びつきがある無意味語（太字や斜体で示される timay や dobu）や、内的な結びつきがない無意味語（gati や buma）が含まれています。

　　manopiga**timay**mano*dobu*mano**timay**piga*dobu*piga*dobu***timay***dobu***timay**mano**timay**piga*dobu*piga**timay**manopiga*dobu*manopiga**timay**pigamano*dobu*pigatimay*dobu*mano

　A 内的な規則性が認められることば **timay** *dobu*

　B 内的規則性が認められないことばの一部（part words）　　gati *bu*ma

　参加した子どもはSaffran らが予測したように統計的規則性があるものはことばと認識しますが、後者（B）はことばと認識しませんでした。次に、見たこともない事物（図1-6）を見せながらことばとして認識した音の連なりを繰り返し聞かせます。まず、四角い形に角のようなものを付けた物体 A を見せながら、「timay」という語を繰り返し聞かせます。子どもの視線がそれに飽きて逸れたら、もう一つの方（細長く丸くて輪っかがついている物体B）を見せながら「dobu」と繰り返し聞かせ、物体 A は「timay」といい、物体 B は「dobu」ということを学習させます。そして、期待されたように子どもがことばを学習したかを視聴時間で調べました。つまり、学習した内容と同じ状況では、物体 A が出てきたら、「timay」ということばが聞こえます。一方、学習した内容と異なる（逆の名前が聞こえる）状況では、物体 A が出てきたら、「dobu」ということばが聞こえます。子どもが「timay」や「dobu」ということばを習得していると、この逆の名前の状況では子どもが驚いてその画像を長く見ることが予測されます。また、ことばとしての内的規則性が見られない（ことばとして認識されていない）ことば「gati」や「buma」については、

物体A　timay　　　　　　　物体B　dobu

図1-6　見たこともない新奇物 A と B

同じように学習させても学習した内容と同じ状況で見る時間と異なる状況で見る時間は同じになりました。これは、ことばと認識していないことばに関しては意味と結合しないことを示しています。

　このようにSaffranらの実験では予測通りの結果が得られ、17か月児は学習内容と異なる場合はそれに気づいて驚くことから、子ども自身がことば―指示対象の関係について予測することができ、その予測と大人のことばかけを照合していたことがわかりました。

　ことばの習得には子どもが取り組まないといけない多くの課題があります。大人が「ほらねこだね」とことばをかけた1回の経験では「ねこ」ということばは習得されず、他の場面、例えば、生きた猫を見た時、テレビや動画の猫を見た時、大人が「neko」と言うに違いないと子どもが予測をします。そして、大人が「neko」と言うのを聞いて、やっぱり「neko」ということを確信します。一方、子どもの予想に反して大人が「inu」と言うのを聞いた場合は、大人が違うことばを言ったこと、似たような4つ足の生き物でも名前が違うということを認知し、分析を始めます。そして、他の場面で猫を見た時や犬を見た時にどのようなことばを使うのを予測し、それらを大人のことばと照合していきます。このような予測、分析、照合、検証などの作業を子ども自身が取り組み、目の前にいる生きた猫も、絵本や写真の猫も「ねこ」だとわかる、自分でも猫を見た時に「ねこ」と言うようになり、初めて「ねこ」ということばを習得した段階に至ります。

　以上のように、簡単に見えることばと対象の即時マッピングにも統計的規則性の発見や関係の予測性などが含まれ、複雑な能力を必要とすることから、ことばの話し始めが遅く、語彙が増えないLT児は統計的分析・習得力（規則性を見出す、マッピングを予想する、マッピングの異同について分析する、他の場面で照合や検証を繰り返すなど）に弱さがあることが推察されます。

3）LT児は知っていることばと知らないことばの区別が弱い
　1～2歳の子どもはことばとそれが示す対象との関係について、マッピングに必要な統計的特性だけでなく、他にもさまざまな分析を行っていることがわかっています。例えば、次の2つの写真（図1-7）を見てみましょう。大人

図 1-7　「ワブはどっち？」

が子どもが聞いたことがない無意味語「ワブ」を使って「ワブちょうだい」と言うと、2 歳児は右の方をくれます。つまり、左はコップとわかっているし、名前を知らない方が知らないことば「ワブ」だと判断します。この「新しいことばは知らないものの名前である」という判断がないと、コップと新しい名前「ワブ」を結びつけてしまい、新しいことばの数が増えないことになります。

　2 歳以下の子どもには、そもそも見慣れない新しいものの方に着目する傾向がありますが、2 歳児では知っているものを必要に応じて選び（名前を聞くとその対象を見るなど）、知らないことばが使われると、そのことばが新奇なもの（知らないもの、見たことないもの）を指すと捉えます。そして、新しい知らないことばと真新しいものの名前だと推測してあっという間につなげます（即時マッピング）が、このような傾向がことばの数を増やすことにつながります。つまり、このようなことばの原理の認識は新しいことばを習得し、語彙が増えるために必須です（Markman & Wachetel, 1988）。

　一方、LT 児はすでに知っているものについても、見たこともないものと一緒に提示されると、ことばがどれを指しているかについて混乱して適切に選べなくなるという報告があり、LT 児がことばを口にしたからといって、そのことばについて確実な知識をもっているとはいえないと LT 児の保護者からよく耳にすることと一致しています。また、Kucker & Seidler（2022）は、17 ～ 40 か月児 114 名（平均月齢約 26 か月：男児 53 名、女児 61 名）に新奇な名前の学習課題を複数実施して、その成績を LT 児と判定した子ども群（表出語彙が 25 パーセンタイル以下）と TD 群とで比較しました。実施課題は、研究に

参加している子どもが知っているものと知らないものを並べ、知っている名前のものをテスターに渡させたり、知らないものの名前を覚えた後、その新奇なものの名前を聞いたとき、形もしくは素材が似ているもののどちらかを選ばせたりするものでした。

　その結果、LT 児のことばと指示対象を結びつけるマッピングは即時ではなく時間がかかる（スローマッピング）ことや、その関係を覚えていられず、他のものへの応用も苦手だということがわかりました。また、TD 児は、目新しいものに出会った際に、それまでに知っているものと形が似ているものに名前を応用する傾向があり、この傾向を形状バイアス（shape bias）と呼びます。例えば、コップのほとんどが丸くて中が空洞になっている、ボールと呼ばれるものはたいがい球体であることを認識し、色や素材が異なるなどが多少あっても物理的な形が似ているものに名前を応用する傾向です。一方、LT 児はこのような物理的な形が似たものよりとにかく目新しいものを選ぶことから、Kucker & Seidler は LT 児には形状バイアスが認められず、ことばだけでなく事物の認識の遅れの可能性があり、これが語彙を増やすプロセスに LT 児と TD 児との違いを生んでいるかもしれないといいます。このように LT 児の語彙が増えないのは、マッピングに時間がかかり、しかもその関係が不安定である上に、すでに知っているかどうかを判断したり、形状バイアスを使って物理的に似ている他のものへの応用する能力にも弱さがあるためと指摘しています。

　本節で述べたように、ことばの習得プロセスを詳細に見直すと、LT 児は INPUT に含まれる統計的特性を見つけ言語習得に生かす力など、対象を適切にことばと結びつけるマッピングにまつわるさまざまな力が弱いといえます。ただ、LT 児のほとんどはその弱点を早期に克服できるのですが、残念ながら図 1-8 にあるように、LT 児の 20 〜 25 ％は遅れたまま 3 歳になります。そして、20 〜 30 ％の LT 児は 4 〜 5 歳で言語発達障害に至ることがわかっています（田中，2016）。従って、この約 2 〜 3 割 LT 児は音韻知覚、ジェスチャー、言語理解、即時マッピングなどに深刻な問題があり、低い言語能力（Low Language）の LT 児、いわゆる LLT（Low Language Talker）であると捉えることができます。

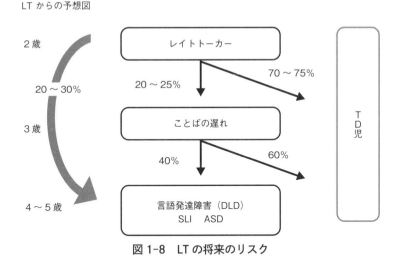

LT からの予想図

2 歳

20 〜 30%

3 歳

4 〜 5 歳

レイトトーカー

20 〜 25%

70 〜 75%

ことばの遅れ

40%

60%

言語発達障害（DLD）
SLI　ASD

Ｔ
Ｄ
児

図 1-8　LT の将来のリスク

4　追いつく LT 児と追いつかない LLT 児

（1）LT 児や LLT 児がことばの習得に使うストラテジー

　2 歳児が LT かどうかの判断は、表出語彙（話すことばの数）が少ない（定義上は 50 語以下）かどうかで行います。つまり、ことばの数、量で判断するわけですが、すでに量的な違いだけではないという指摘がある（Colunga & Sims, 2017）上に、量的分析だけでは LT 児の実態や背景などがわかりません。これまでにも LT 児の表出していることばについて意味的・文法的な分類（カテゴリ、名詞や動詞など）を行って同年齢あるいは言語年齢が同じ TD 児と比較した研究は少なくありません。それらの研究では、LT 児は TD 児と同じ発達パタンを示し、両者は同じ語彙スペクトラム上にあり、違いは量的なものであると報告されてきました（Rscorla, 2002 など）。日本語でも、奥村・小林（2019）が LT 児と TD 児の語彙を比較し、語彙の内容が類似しており、語彙習得の方法に違いはなく、遅れに過ぎないと報告しています。

しかし、TD 児と LT 児のそれぞれの語彙に含まれることばの意味的関係性を分析した Becakage ら（2011）によると、LT 児はすでに知っていることばとの意味的関係性が低いことばを新しく習得する傾向があり、ことばを習得する際に TD 児とは異なるストラテジーを用いると考えました。また、Horvath ら（2022）は、語彙の中の高頻度語（周囲の人によく使われている語）について TD 児と比較しても違いは明らかにならないと指摘しています。さらに、近年、ネットワーク分析などの新たな分析アプローチが用いられるようになり、LT 児と TD 児の語彙が質的な違うなどが報告されるとともに、追いつかない LLT 児の早期発見につなげる研究が出てきました。

　Stokes（2010）によると、TD 2 歳児は LT 児より高頻度語で、さらにそれぞれの音韻近傍密度が高い（音が似ている）ことばを習得するといいます。Jemenez ら（2022, 2017）は、ことばの意味ネットワーク分析を行い、LT 児が習得することばは定型発達とは異なると報告しています。彼らの分析視点はことばが話される文脈の多様性です。例えば、「犬」という名詞に近い「毛むくじゃら」や「しっぽ」などの名詞や、「水」や「ビン」のようなことばに近い「飲む」という動詞に出会うことによって、子どもは犬やミルクの概念を豊かにすることができ、ことばが意味的に成熟します。しかし、LT 児は低い文脈多様性のことばを習得しがちで、意味的な成熟が低いとのことです。従って、LLT 児は意味的成熟がより低いことが予想されます。

　図 1-9 は、6 つのことばに沿って「赤ちゃん」ということばを習得する 2 人の子ども A、B を示しています。子ども A は文脈多様性が高い語彙を、子ども B は文脈多様性が低い語彙をもっていることを示し、「赤ちゃん」ということばと他のことばの意味的関連は子ども A の方が高いことがわかります。例えば、子ども A は「あかちゃんは何である」についてより複雑な理解をしており、赤ちゃんは「ミルクを飲む」「お出かけをする」「食べる」「鼻がある」「犬や猫の赤ちゃんもいる」などを知っていることになります。つまり、子ども A の「赤ちゃん」という意味概念は子ども B より成熟しているといえます。一方、文脈多様性が低いことばを習得した子ども B の語彙は、「あかちゃん」に関連することばが少なく、子ども A とは違ったネットワーク特性をもっています。

子ども A　　　　　　　　　　子ども B

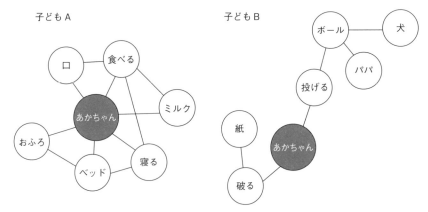

出典　Jimenez, E. & Hills, T. T. (2022). Semantic maturation during the comprehension-expression gap in late and typical talkers. Child Development, 93, 1727-1743. を参考に作成

図 1-9　2 人の子どもの「あかちゃん」ということばの意味的ネットワーク

　Jimenez & Hills（2022）は、子ども B のように LT 児の意味ネットワークはクラスター係数が低く（ことばのまとまりが弱い）、ことば同士の意味的つながりの平均距離が長いことから、名詞や動詞の意味的成熟は TD 児とは異なることが考えられ、このような違いが LT 児の語彙の増えにくさや動詞習得のつまずきに影響すると指摘しています。

　Borovsky ら（2021）は、これまでの大規模な縦断研究の結果についてネットワーク分析などを行い、LLT 児（言語能力が低く追いつかない LT 児）を早期に発見するために次のような点を挙げました。

①初語や 2 語文の出現が遅い子どもが言語発達障害児の 55 ％に認められため、言語発達障害に至る主なリスク項目は、初語が 15 か月までに認められない、2 語文が 24 か月までに認められない の 2 つである。

②早期の言語スクリーニングが大切で中でも ST などによる表出語彙の評価結果の予測性が高いが、MCDI などの保護者による語彙や 2 語文についての報告もその後の発達を予測するのに役立つ。

③性別、出生体重、出生順などの情報より子どもの表出言語などの言語発達評価の結果の方が予測性が高い。

④子どもの語彙に含まれる意味構造（ことば同士の関係性の強さなど：後述）

29

が追いつくかどうかの予測性が高いため、ことばの数だけではなく語彙の内容についての評価も含めることが大切である。

（2）LT 児や LLT 児は動詞の習得が苦手 1 ——様態動詞と結果動詞

　これまで LT 児は動詞の習得が難しいと指摘されてきました（Rescorla, 1989）が、なぜ難しいのか、また、LT 児の言語の問題にどのように影響しているかについてよくわかっていません。そこで、Hovarth ら（2019, 2022）は、米国版 MCDI のデータバンク（Wordbank: Frank et al., 2016）にある 5,520 名の 16 〜 30 か月児（男児 51 ％、女児 49 ％）のうち表出語彙が 15 パーセンタイル以下の 821 名を LT 児とし、動詞の習得内容について詳細な分析を行いました。まず、図 1-10 にあるように、16 か月から 30 カ月の間ずっと TD 児は LT 児より動詞数が多い上に、年齢が上がるに従いその差が大きくなることが確認されました。動詞には方法を示す動詞（様態動詞：走る、歌う）と物事の終結を示す結果動詞（壊れる、閉める）があります。これまでは乳幼児に対する大人のことばかけには結果動詞の方が多く、子どもはよく聞いており、結果動詞の方が状態変化を伴う現象としてわかりやすいため乳幼児には結果動詞の方が習得しやすい考えられてきました（Gopnik & Meltzoff, 1986）。しかし、Hovarth らの分析によると、16 〜 30 カ月の TD 児の表出語彙には様態動詞の方が結果動詞より多く含まれており、月齢が高いほどその傾向が強くなったといいます。そして、様態動詞が多いほど動詞が多いということの理由の 1 つには様態動詞の方が他の動詞とのつながりやすく、意味的ネットワークを構築しやすいことが指摘されています。一方、LT 児が定型発達児と同じ傾向を示すのは 30 か月になってからで、それまでは結果動詞の方が多かったという結果でした。このように表出語彙に含まれる動詞の特性が異なるため、LT 児は単に動詞習得が遅れているのではなく、定型発達とは異なる方法で動詞を習得している可能性があり、この違いが後の言語発達障害や学習困難につながるかもしれないといえます。

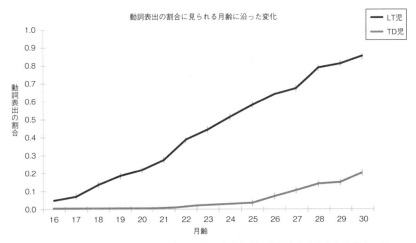

動詞表出の割合に見られる月齢に沿った変化

MBCDI のリストに載っている全動詞（103 語）のうち何割の動詞を表出したかを月齢に沿って示している。各月齢の縦線は平均値の標準誤差を示す

出典　Horvath, S., Kueser, J. B., Kelly, J. & Borovsky, A（2022）. Difference or delay? Syntax, semantics, and verb vocabulary development in typically developing and late-talking toddlers. Language Learning and Development. 18, 352-376.

図 1-10　16 か月から 30 カ月間における TD 児と LT 児の表出動詞の伸び

（3）LT 児や LLT 児は動詞の習得が苦手 2──提示文脈

　動詞習得につまずく LT 児にはどのような文脈で動詞を提示した方がよいのでしょうか？　Hovarth & Arunachalam（2021）は、47 名の 2 歳児（TD 児 33 名、LT 児 14 名）に、人がものに何か動作をしている場面（図 1-11）を見せながら文を聞かせます。ことばかけ A では、子どもは「男の子がトラックに zif しているよ。彼はそれを zif してる！」と聞きますが、別のことばかけ B では、「男の子がトラックに zif しているよ。男の子がトラックを zif している！」を聞きます。それぞれの後で、どちらが新奇な動詞（zif）をしているかを視線で調

図1-11 「zif している！」

べたところ、代名詞を使わず主語も目的語も繰り返したBの方が習得率が良かったという結果になり、特にこの傾向はLT児に認められたことから、LT児の動詞習得には繰り返し聞いた方がよく、その際にはしっかり主語や目的語を言う方がよい（Hadley et al., 2017a）ことがわかりました。

従来からの大人のことばかけは子どもに反応的なものが推奨されています。しかし、反応的であるだけでは、子どもにわかりやすい言語情報であるとはいえません。これまで見てきたように、ことばを習得するために、子どもが取り組まないといけない課題がたくさんあり、その取り組みが得意とは言えないLT児には対するはことばかけには、意味と文法の情報を含めるために「行為主」「動詞」を明示的に用いることが推奨されています（Hadley, 2017b）。具体的な指導法は第4章で紹介します。

文献

Becakage,N., Smith, L., Hills, T., & Perc, M.(2011). Small worlds and semantic network growth in typical and late talkers. PLos ONE, 6 (5), e19348.

Bornstein, M. H., & Haynes, O. M.(1998). Vocabulary competence in early childhood: Measurement, latent construct, and predictive validity. Child Development, 69 (3), 654-671.

Borovsky, A., Thal, D., & Leonard, L. B. (2021). Moving towards accurate and early prediction of language delay with network science and machine learning approaches. Scientific Reports, 11, 8136.

Chen,Y., Tsao, F-M., & Liu, H-M.(2016). Developmental changes in brain response to speech perception in late-talking children: A longitudinal MMR study. Developmental Cognitive Neuroscience, 19, 190-199.

Coplan, J., & Gleason, J. R. (1988). Unclear speech: Recognition and significance of unintelligible speech in preschool children. Pediatrics, 82 (part 2), 447-452.

Colunga, E., & Sims, C. E. (2017). Not only size matters: Early-talker and late-talker vocabularies support different word-learning biases in babies and networks. Cognitive

Science 41 (2017, Suppl. 1) 73-95.

Dale, P. S., McMillan, A. J., Hayiou-Thomas, M. E., & Plomin, R. (2014). Illusory recovery: Are recovered children with early language delay at continuing elevated risk? American Joirnal of Speech-Language Pathology, 23 (3), 437-447.

Ellis, E. M., & Thal, D. J. (2008). Early language delay and risk for language impairment. The American Speech-Language-Hearing Association (ASHA), Perspectives on Language Learning and Education, 93-100.

Fernald, A., & Marchman, V. M.(2012). Individual differences in lexical processing at 18 months predict vocabulary growth in typically developing and late-talking toddlers. Child Development, 183, 203-222.

Frank, M. C., Braginsky, M., Yurovsky, D., & marchman, V.A. (2017). Wordbank: An open repository foe developmental vocabulary data. Journal of Child Language, 44 (3), 677-694.

Gopnik, A., & Meltzoff, A. N. (1986). Relations between semantic and cognitive development in the one-word stage: The Specificity Hypothesis. Child Development. 57, (4), 1040-1053.

Hadley, P., Rispoli, M., & Hsu, N.(2016). Toddlers' verb lexicon diversity and grammatical outcomes. Language, Speech, and Hearing Services in School. 47, 44-58.

Hadley, P., Rispoli, M., Holt, J., Papastratakos, T., Hsu, N., Kubalanza, M., & McKenna, M. (2017a). Input subject diversity enhances early grammatical growth: Evidence from a parent-implemented intervention. Language Learning and Development, 13, 54-79.

Hadley, P., Rispoli, M., Hadley, P., Rispoli, M., Holt, J.(2017b). Input subject diversity accelerates the growth of tense and agreement: indirect benefits from a parent-implemented intervention. Journal of Speech, Language, and Hearing Research. 60, 2619-2635.

Hodges, R., Elise Baker, E., Munro, N., & Mcgregor, K. K.(2017). Responses made by late talkers and typically developing toddlers during speech assessments. International Journal of Speech-Language Pathology. 9. 587-600.

Horvarth, S., Rescorla, L., & Arunachalam, S.(2019). The syntactic and semantic features of two-year-olds' verb vocabularies: a comparison of typically developing children and late talkers. Journal of Child Language, 46, 409-432.

Hovarth, S., & Arunachalam, S.(2021). Repetition versus variability in verb learning: Sometimes less is more. Journal of Speech, Language, and Hearing Research, 64 4235-4249.

Horvath, S., Kueser, J. B., Kelly, J., & Borovsky, A (2022). Difference or delay? syntax, emantics, and verb vocabulary development in typically developing and late-talking toddlers. Language Learning and Development, 18, 352-376.

Jimenez, E., & Hills, T. T. (2017). Network analysis of a large sample of typical and late talkers. Cognitive Science, 2302-2307.

Jimenez, E., & Hills, T. T. (2022). Semantic maturation during the comprehension-expression gap in late and typical talkers. Child Development, 93, 1727-1743.

Kuhl, P. K., Conboy, B. T., Coffey-Corinal, S., Padden, D., Rivera-Gaxiola, M., & Nelson, T.(2008). Phonetic learning as a pathway to language: new data and native language magnet theory expanded (NLM-e). Philosophical Transactions of the Royal Society B, 363, 979-1000.

Kucker, S. C., & Seidler, E.(2022). The timescales of word learning in children with language delays: In-the-moment mapping, retention, and generalization. Journal of Child Language, First View, 1-29.

Manwaring, S., Swineford, L., Mead, D. M., ,Yeh, C-C,Zhang,Y., & Thurm, A. (2019). The gesture-language association over time in toddlers with and without language delays. Autism & Developmental Language Impairments, 4, 1-15.

Markman, E. M., & Wachtel, G. F. (1988). Children's use of mutual exclusivity to constrain the meanings of words. Cognitive Psychology, 20, 121-157.

小椋たみ子・綿巻徹(2004). 日本語マッカーサー乳幼児言語発達質問紙. 京都国際社会福祉センター.

奥村優子・小林哲生(2019). 日本語レイトトーカーにおける表出語彙のカテゴリ構成の検討. 音声言語医学, 60, 205-213.

O' Neill, H., & Chiat, S.(2015). What our hands say: Exploring gesture use in subgroups of children with language delay. Journal of Speech, Language, and Hearing Research, 58 (4), 1319-1325.

Rescorla, L. (1989). The language development survey: A screening tool for delayed language in toddlers. Journal of Speech and Hearing Disorders, 54, 587-599.

Rescorla, L., & Lee, E. C. (2000). Language impairments in young children. In T. Layton & L. Watson (Eds.), Handbook of early language impairment in children: Vol1: Nature. pp1-38. New York: Delmar Publishing Company.

Rescorla, L. (2002). Language and reading outcomes to age 9 in late-talking toddlers. Journal of Speech, Language, and Hearing Research, 45 (2), 360-371. https://doi.org/10.1044/1092-4388 (2002/028)

Rescorla, L. (2009). Age 17 language and reading outcomes in late-talking toddlers: Support for a dimensional perspective on language delay. Journal of Speech, Language, and Hearing Research, 52 (1), 16-30. https://doi.org/10.1044/1092-4388 (2008/07-0171)

Rescorla, L. (2011). Late talkers: Do good predictors of outcome exist? Developmental Disabilities Research Reviews, 17, 141-150.

Rescorla, L. (2013). Late-talking toddlers: A 15-year follow-up. In L. Rescorla & P. S. Dale (Eds.), Late talkers: Language development, interventions and outcomes, pp. 219-239. Brookes.

Rescorla, L. A., & Dale, P. S. (Eds.). (2013). Late talkers: Language development, interventions, and outcomes. Paul H Brookes Publishing Co.

Rescorla, L., Ratner, N. B., Jusczyk, P. et al. (2005). Concurrent validity of the language development survey: associations with the MacArthur-Bates communicative development inventories: words and sentences. American Journal of Speech Language Pathology, 14, 156-163.

Rinaldi, P., Bello, A., Lasorsa, F. R., & Caselli, M. C. (2022). Do spoken vocabulary and gestural production distinguish children with transient language delay from children who will show developmental language disorder? A pilot study. International Journal of Environmental Research and Public Health, 19, 3822.

Saffran, J. R., Aslin, R. N., & Newport, E. L. (1996). Statistical learning by 8-month-old infants. Science, 274, 1926-1928.

Samuelson, L. K.(2021). Toward a precision science of word learning: Understanding individual vocabulary pathways. Child Development Perspective, 15 (2), 117-124.

Sansavini, A., Favilla, M. E., Guasti, M. T. et al.(2021). Developmental language disorder: early predictors, age for the diagnosis, and diagnostic tools. A Scoping Review. Brain Sciences, 11, (5), 654.

Sims, C., Schilling, S., & Colunga, E. (2017). Dynamics of word learning in typically developing, temporarily delayed, and persistent late talkers. Proceedings of the 14th Neural Computation PsychologyWorkshop, 22, 83-98.

Singleton, N. C. (2018) Late talkers. Why the wait-and-see approach is outdated. Pediatric Clinics of North America, 65, 13-29.

Stokes, S. F.(2010). Neighborhood density and word frequency in toddlers. Journal of Speech, Language, and Hearing Research, 53, 670-83.

Stokes, S. F. (2014). The impact of phonological neighborhood density on typical and atypical emerging lexicons. Journal of Child Language, 41, 634-657.

Stokes, S. F., Kern, S., & Dos Santos, C.(2012). Extended statistical learning as an account for slow vocabulary growth. Journal of Child Language, 39 (1), 105-129.

Suttora, C., Guarini, A., Zuccarini, M., Aceti, A., Corvaglia, L., & Sansavini, A. (2022). Integrating gestures and words to communicate in full-term and low-risk preterm late talkers. International Journal of Environmental Research and Public Health, 19, 3918.

田中裕美子(2016)．レイトトーカー，特異的言語発達障害，言語学習障害・読み障害の発達的関係．石田宏代・石坂郁代（編著）．言語聴覚士のための言語発達障害学第 2 版．医歯薬出版．157-165.

Zambrana, I. M., Pons, F., Eadie, P., & Ystrom, E. (2014). Trajectories of language delay from age 3 to 5: persistence, recovery and late onset. International Journal of Language and Communication Disorders, 49, 304-316.

乳幼児発達健診での LT 児発見と対応

　市町村で行われている乳幼児発達健診は LT 児の発見には最適ですが、個々の子どものプロフィールを掘り下げてみる時間が限られていますので、健診場面での観察もしくは保護者からの聴取で 2 語文を自発的に話すかどうかを確認します。下記の例にあるように、2 語文といっても、動詞を使った 2 語文で、子ども自身が行ったことやこれから行うこと、周りの出来事などが含まれたものです。とりわけ 3 歳児健診の時点（30 か月～ 39 か月）で 2 語文が認められない場合、明らかなことばの遅れがあり、その後追いつかないリスクが高いといえます。特に、早期の言語発達では男女差が大きいので、これらの項目に遅れがある女児は LT の可能性が男児より高く、ST につなげる必要があります。ただ、LT は男児に多いため、遅れがある男児も経過観察が必要です。

　動詞を使った 2 語文例
　　「ごはん　食べた」「ジュース　飲んだ」「○○ちゃんと遊んだ」
　　「これ　あげる」「ワンワン　来た」「これで遊ぼう」「どこいくの」

　健診で 2 語文があまり認められない場合、専門家（言語聴覚士［ST］）につなげ、下記のような項目について個別に、ことばの遅れの程度や内容、他の発達障害の有無、保護者のかかわりの質などの評価を行って LT 児かどうかを判定し、その後の経過観察の必要性についても検討します。

　ST による評価項目には、下記が含まれます。
・耳の聞こえ
・理解語彙
・表現語彙
・文の多様性（第 4 章で詳述）

・動作性知能

・保護者のかかわりの質

　ところで、3歳から5歳までの追跡研究を参考にすると、遅れが継続する子どもの特徴として、近年、言語の理解の低さが要因の1つとして挙げられています。そのため、STによる評価では、言語理解力を状況判断の良さとは区別し、語彙や文の理解度について検査を実施していく必要があります。

文献

Zambrana, I. M., Pons, F., Eadie, P., Ystrom, E., (2014). Trajectories of language delay from age 3 to 5: persistence, recovery and late onset. International Journal of Language and Communication Disorders, 49, 304-316

（田中裕美子）

第2章

だれが、
どうやってLTを見つけるのか？

金屋麻衣・遠藤俊介

　第1章では、LT とはどんな状態かについて見てきました。では、実際に
LT の状態を示す子どもはどこで発見されるのでしょうか？　日本には、乳幼
児健診というとても素晴らしいシステムがあります。早期発見が必要な重要な
疾患や発達上の問題は、保健師を中心とした専門職が見つけ出し、適切な医療
や療育につなぐ体制が整っています。しかし、LT はまだまだ認知度が低く、
保護者は心配していても「大丈夫」「問題ない」と見逃されるケースが多くあ
ります。一方で、ベテランの保健師や保育士は「ちょっと心配」と思いながら
も、それをうまく説明できずに経過観察とせざるを得ないという現状もあるよ
うです。

　この章では、1歳半から3歳ころまでの LT を疑うプロフィールを示す子ど
もが、だれに、どこで、どのように発見されるのか、事例を通して見ていきま
す。

事例1：　ことばが出ない1歳半の A くん
事例2：　ことばを話すようになった2歳の B ちゃん
事例3：　質問にことばで答えられない3歳の C ちゃん
事例4：　簡単な会話ができるが周りの子を見ながら動く3歳の D くん

1 事例1 ことばが出ない1歳6か月のAくん

　市町村の1歳半健診でことばが出ていなかったため、保健師が観察と問診を行なった事例です。

　健診会場では母親のそばを離れず、終始物静かな男の子でした。小集団遊びではことばは全く発しませんでしたが、周りの子をよく観察して、同じことをしようとしています。母親の近くでは、ぬいぐるみに帽子をかぶせたり、ベッドに寝かせたりして遊んでおり、理解力は悪くなさそうに見えました。保健師が絵を見せて「○○はどれ？」と尋ねると、最初はためらっていましたが、母親に励まされて絵を指さすようになり、聞かれた問題に全て正しく指さすことができました。一方、絵を見せて「これはなに？」と聞いても、保健師が指さした絵を見て応じようとしますが、ことばは出てきません。遊び場面では慣れてくると笑顔が出てきて、保健師と一緒に遊ぼうとする様子が見られるようになり、最後には手を振ってくれました。

　母親に家での様子を聞くと、「ごちそうさま？」と聞くと食器を台所に持っていったり、「お散歩にいこう」と声をかけると帽子を取りに行ったりと、大人のことばや日常生活の理解はできているように感じるそうです。また、公園に行くと、そこで遊んでいる子どもたちに興味関心があるようです。知的に低くなく社会性もあるのに、ことばがなかなか出ないため、少し心配しているとのことでした。Aくんはこのまま様子を見ていて大丈夫でしょうか？

　1歳6か月児の90％以上は3語以上の有意味語を話すため、有意味語が3語未満の場合は言語表出の遅れと判定し、2歳時にフォローアップを行い、ことばの発達を確認することが望ましいとされています[1]。

　2歳児でレイトトーカーの症状を呈することがありますので、丁寧な経過観察が必要です。

1　乳幼児健康診査身体検察マニュアル（国立成育医療センター）
　https://www.ncchd.go.jp/center/activity/kokoro_jigyo/manual.pdf

2　事例2　ことばを話すようになった2歳のBちゃん

　担当している保育士が、日々の観察からことばの遅れを心配している事例です。

　Bちゃんは10か月から保育所に通い始め、1歳すぎには上手に歩くことができるようになりました。保育士の関わりによく反応し、真似も上手で、運動発達や対人反応は良好です。ことばが出るのが少し遅く、初めて意味のあることばを話したのは1歳5か月でした。両親は仕事が忙しく、ことばが遅いのは母親が仕事をしているせいでしょうか、と心配されていましたが、1歳半健診で「ことばを話し始めたから大丈夫」と言われ、安心したようです。

　保育所では、ダンスや体操の真似は同じ月齢の子と比べて上手ですし、玩具の扱いも年齢相応です。しかし、手伝ってほしいことがある時や、おままごとをしている時など、楽しそうに保育士の顔を見ることはあっても、なかなかことばが出ないことが気になっていました。

　2歳になる少し前から言えることばの数が増え始め、10語くらい言えるようになりました。両親は「最近言えることばが増えた」と喜んでいるようです。しかし、保育士はBちゃんが2歳でいろいろなことがわかっている割には、ことばの表出が少ないことに違和感があります。また、理解していることが多い分、他の子が使っている玩具に手を出したり、他の子の靴を先取りして靴箱から出したりと、やや落ち着きのなさが気になるようになってきました。

　両親をむやみに心配にさせるわけにもいかないため、保育士から言語発達の遅さを言い出せずにいますが、このままで大丈夫か不安は拭えません。

　2歳の時点で表出語彙が50語より少ない場合、レイトトーカーの重要な判断基準となります。全体的な発達の遅れはないか、社会性発達は良好で人と楽しさを共有しようとするか（自閉スペクトラム症の傾向はないか）を確認し、両者に問題がなければレイトトーカーの可能性を考え、さらに丁寧に経過を観察します。あわせて単に「様子を見ましょう」だけでなく、「今できること」を具体的に保護者に伝えることも重要です（第4章参照）

3 事例3 質問にことばで答えられない3歳のCちゃん

　市町村の1歳半健診でことばが出ておらず、2歳のフォローアップでも単語が20語程度と少なかったため、保健師が経過観察を継続している事例です。

　2歳半の時点で、走り回ることや段差の飛び降りも上手にでき、運動発達は良好でした。積み木を乗り物に見立てて遊んだり、形合わせのパズルも迷わずに完成させるなど、知的な遅れもなさそうでした。ままごとで母親が「○○取って」「□□洗って」などと言うと、間違えずに反応できるとのことで、理解面は問題がないようです。言えることばは50語程度まで増えましたが、『Cちゃん語』のような不明瞭なことばも多く、2語文も出ていませんでした。

　3歳児健診では、1対1の課題場面で「大きいのはどっち？」「○色はどれ？」といった質問に迷わず適切な絵を指すことができました。名前は「Cちゃん」、年齢は指で3を示して「シャン」と答えることもでき、やりとりの態度は良好です。「○○したらどうする？」という質問にも関連する単語を答えることはできましたが、文で答えることはありませんでした。質問によっては少しはにかみ、首をかしげることもありました。待合で遊んでいる様子を見ていると、Cちゃんが話しているのは単語が多く、時々話している文は不明瞭で、何と言っているのかわかりにくい状態でした。集団の手遊びでは、保育士の動きを上手に真似て楽しんでおり、ことばの表出以外の問題はないようです。

　保護者は普段の会話で困ることはなく、保育園からの指摘もないとのことでした。しかし、3歳になってもことばの遅れがあることは明らかであり、保健師はこのまま何もせず経過観察でよいのかと不安になっています。

　2歳台にレイトトーカーの症状が見られており、3歳になってもことばの遅れが認められます。「ことばが出ているのでOK（フォロー終了）」とはせずに、より慎重な経過観察や言語聴覚士による言語の掘り下げ評価を提案することが奨められます。

4　事例 4　簡単な会話はできるが周りの子を見ながら動く 3 歳（年少）の D くん

　幼稚園の担任の先生が「一斉指示の理解ができていない」ということに気づき、心配している事例です。

　制作の時間などに先生がクラス全体に説明をすると、D くんは周りをキョロキョロと確認しながら動き始めます。時々、どうしたらよいのかわからずにその場で固まってしまい、周りの子が手伝ってくれることもあります。しかし、やることがわかれば問題なく取り組み、慣れていることに関しては D くんが率先して友達を手伝ってあげることもあります。小さな音にも反応はしているので、聞こえに問題はなさそうです。このような様子から、先生は「ことばの指示が理解できていないのでは……」と感じていました。子ども同士のやりとりを観察してみると、D くんが自分から発言することは少なく、ほとんどが周りに合わせて返事や反応をしているだけのようです。また、休み中の出来事を先生に伝えようとすることもありますが、身ぶり手ぶりを交えて「ドンドンってこうやって、それでやる」「こっちに、えっと、剣で、それで、こうやったらドーンってなった」のような表現が目立ち、家族に内容を確認しないとわからないことも多いです。運動面や遊びの様子に関しては、上手な子と同じようにできていて、特に気になることはありません。

　ことばの発達が気になった先生は園での様子を保護者に伝え、これまでの発達経過を確認しました。家庭では、身の回りのことは大人が先回りして手伝うことが多かったため、理解が悪いと感じたことはなかったようです。しかし、ことばが出始めたのは 1 歳 8 か月ころであり、2 歳半を過ぎてから 2 語文が出始めたとのことでした。1 歳半健診では「個人差もあるので、様子を見ましょう」と言われ、3 歳児健診では「文で話し始めているし、何も心配はありません」と言われたそうです。保護者としては、ことばの発達が遅いことに気づいてはいましたが、少しずつ変化はみられており、健診でも心配ないと言われたのであまり心配はしていませんでした。聞こえについては生まれたときに実施した聴力検査で問題はなく、日常生活でも聞こえが悪いと感じる場面はないと

のことでした。

担任の先生は、Ｄくんのこれまでの発達経過と現在の様子から、やはり一度専門家の評価や関わり方のアドバイスをもらった方がよいのではないかという思いが強くなってきました。

言語発達障害のリスクが高い状態であると考えられます。すぐに「障害」ということではなく「園でより良い対応を考える」ために、言語聴覚士などの専門家に相談することを保護者に提案できるとよいと思われます。

1～2歳台の言語発達は個人差が大きいため、話し始めがゆっくりでも、次第に上手に話すようになり、言語発達に大きな問題なく成長していく子どもはたくさんいます。

一方で、言語発達の問題を抱えたまま成長し、学童期に入って学習不振や自己肯定感の低下につながるなど、二次的三次的な問題に発展していくお子さんが一定数いることも確かです。

個人差の大きな領域であるがゆえに、見極めが難しい部分はありますが、保護者や日常で接している保育士は「違和感」に気付いている場合も多いものです。

安易に「様子を見ましょう」「大丈夫ですよ」とせず、「この子のよりよい発達のために、みんなで見守っていきましょう」という視点で丁寧にフォローしていくことが大切です。

初期のことばの遅れが個人差の範囲内なのか、それともLTとして丁寧にフォローした方がよいのか、LTが疑われた場合どのように対応したらよいのか、第3章以降で見ていきましょう。

小児科での追跡調査の試み

　レイトトーカー（LT）とは、医学的診断名ではなく、知的障害、感覚・運動系の障害、言語に影響するような障害がないのに、ことばが遅れている 18 〜 39 か月児を指します。主に、表出語彙の発達から判断し、発現率は約 13 〜 15％で男児の方が多いことがわかっています。

　Buschman らは 21 〜 24 月の 100 名の LT 児について、健康面、言語理解や言語表出、動作性知能、耳の聞こえなどいろいろな側面から調べました。その結果、体重、身長、頭囲は TD 児と違いはないのに、LT 児には中耳炎がある子どもが多く、家族に言語障害がいる場合が多かったということです。また、LT 児を次の 4 つのグループに分けて比較しました。内訳は①表出言語の遅れのみ（61 名）、②言語理解も表出も遅れている（17 名）、③知的障害に伴うことばの遅れ（18 名）、④自閉スペクトラム症（4 名）でした。この 4 つのグループは、経済的状態（SES）、家族歴（家族・親族に言語障害がある人がいる）、聴覚障害の有無などに違いはありませんでした。LT 児で言語聴覚士の指導や早期の療育につながるのは、ことばの遅れが大きい場合や他の発達障害が認められる場合（③や④）が多く、①や②のグループ（78％の子ども）は「様子を見ましょう」ということになるということでした。この調査では LT 児が対象と言いながらも、ことばの遅れの原因が聴覚の問題、知的障害、自閉スペクトラム症などの場合が含まれており、より臨床現場の感覚や実態を反映しています。

　確かに、乳幼児期の言語発達のペースは個人差が大きいため、どの子どもが LT か、また、どの LT 児が言語発達障害に至るかどうか 4 歳前に診断するのはかなり困難です。そのため「様子を見ましょう」という対応をとることが多いです。そして、その背景に小さい子どもにいろいろ検査を受けさせて保護者の不安をあおるなどの心配もあります。一方、保護者は子どもがことばを話さないということで不安が高く、ストレスを感じている場合が少なくありません。近年の LT 児の追跡調査では、24 か月で発

見された LT 児の 50 ～ 70％は追いつきますが、2 歳 6 か月の言語発達ス
クリーニング評価で遅れが指摘された LT 児の 82％は 6 歳までに追いつ
かなかったという結果もあり、近年では 24 ～ 30 か月での LT の有無に
ついての言語スクリーニングが推奨されています。

文献

Buschmann, A., Jooss, B., Rupp, A. et al. (2008). Children with developmental
　language delay at 24 months of age: results of a diagnostic work-up. Devel-
　opmental Medicine & Child Neurology, 50, 223-229.

（田中裕美子）

第 3 章

LT ってどんな子?

遠藤俊介・金屋麻衣

　ここまで LT について今わかっていること、そして、どういった子が LT として発見されるのかを見てきました。この章では、LT がどのようなお子さんなのか具体的な事例を通して、少し掘り下げて考えてみます。

　LT は、全般的な運動や認知の発達が良好であり、自閉スペクトラム症(以下、ASD)に特徴的な社会性発達の問題がないことが前提となります。そのため、言語表出や言語理解の問題を評価することはもちろんですが、運動・認知発達や社会性発達もしっかり捉えることが重要です。もしも全般的な発達に遅れが見られる場合や、社会性発達に問題が見られたりする場合は、知的障害や発達障害のリスクとして、やはり丁寧に経過を見ていく必要があります。

　LT の特徴は、保護者の訴え、遊びの観察、発達歴の聞き取り、専門的な検

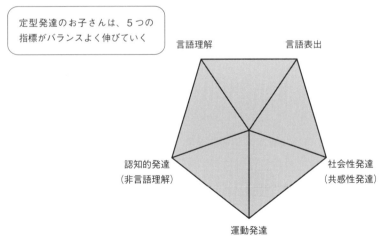

定型発達のお子さんは、5 つの
指標がバランスよく伸びていく

図 3-1　発達を整理するためのレーダーチャート(定型発達)

査法を使った評価と、いろいろな方法で情報収集することができます。実際に保護者の相談に応じる専門職の立場として、どのような視点でLTの評価を進めればよいのでしょうか。上記の評価の観点をわかりやすくするため、各事例における評価のポイントを下線で示し、発達全体のプロフィールをレーダーチャート（図3-1）で示しています。事例のストーリーと見比べながら整理してみましょう。

1 事例1　まだ単語が出ないEくん（1歳6か月）

（1）事例の概要

　Eくんは1歳6か月の男の子ですが、まだ単語が1つも出ていません[1]。大人に何か伝えたい時には「あーあー」という発声や指さしで表現しています。「お風呂行こうね」と言われると率先してお風呂場に向かい、「コップ持ってきて」と言われると自分のコップを持ってくることができるなど、日常生活の中で大人が言っていることは理解しています。また、Eくんは最近、母親が掃除や洗濯をしている時に自分もエプロンやタオルを持ってきて、真似をして遊んでいます。保護者はこれまでEくんに発達の遅れや育てにくさを感じたことはなく、日々の子育てを楽しんでいますが、1歳半になっても全くことばが出ないことが気になり始めました。祖父母に相談すると「男の子だからね。心配ないよ」と言われましたが、やはり心配だったので1歳半健診で相談してみることにしました。

　健診会場では、初めは母親にピッタリくっついて周囲の様子を見ていましたが、徐々に慣れてきて、置いてあった玩具で遊び始めました。一度もことばを発することはありませんが、<u>積み木を電車に見立てて楽しそうに遊んでいます。人形を積み木に乗せて母親に見せることや、手を引いて遊びに誘うことも</u>

1　1歳半の子どもの90％以上は3語以上の有意味語を話すため、有意味語が3語未満の場合は言語表出の遅れと判定し、2歳時にフォローアップを行いことばの発達を確認することが望ましいとされています。

あります。母親を追いかけて走ったり、ジャンプをしたりなど、活発に動き回る様子も見られました。

（2）保健師の評価

　個別に行った課題で、Eくんは小さな積み木を上手に積み上げることができました。達成すると笑顔になり、保健師や母親を見ています。また、複数の絵が並んだシートを見せ、保健師が「○○どれ？」と聞くと、言われた絵を指さすことができました。でも、「これは何？」と聞くと保健師や母親の顔を見ているだけで、ことばで答えることはできず、ことばの表現面に遅れが見られました。

（3）保護者からの聞き取り

　父、母、本児の3人家族です。出生前後に問題はなく、新生児聴覚スクリーニング[2]も問題はありませんでした。

　3か月で首が座り、6か月に寝返り、7か月でお座り、10か月でつかまり立ちができるようになりました。1歳ころには歩けるようになったそうです。

　10か月ころから人見知りが始まり、たまに会う祖父母が抱っこしようとすると、毎回泣いていました。家の中ではどこでも母親の後追いをしていました。

　最近は積み木を積むことや、型はめのパズルができるようになってきました。お絵描きでは、なぐり描きだけでなく、グルグルも上手に描けるようになってきました。

　ことばの理解面では、1歳前ころからゴミを持たせて「ポイして」と言えば捨てに行き、「ちょうだい」と言えば渡してくれるなどの様子があり、1歳ころからは絵本を見せながら「○○どれ？」と聞くと、指さしで答えられるようになってきました。今でもまだ時々、「ワンワン」のような幼児語で言われないとわからないことや、車と電車のように同じ仲間のものが一緒に並んでいると間違えて指さすことがあります。

2　新生児期に実施される、難聴を精査する必要性を判定するためのスクリーニング検査

一方でおしゃべりについては、10か月ころに「ダダダダ」のような子音交じりの喃語が出てきましたが、それ以降は変化が乏しく、1歳6か月の現在でも単語が1つも出ていないそうです。

(4) 評価のまとめ

　ここまでの情報から、Eくんの発達状況を整理すると以下のようになります。

運動発達　1歳には歩けるようになったとのことですし、健診会場でも走ったりジャンプしたりできており、年齢相応に発達していると推測できます。

認知発達　見立て遊びができていること、パズルや描画など非言語の遊びも年齢相応に上達していることから、年齢相応と推測できます。

社会性発達　10か月で人見知りが出てきており、後追いも見られ、愛着はしっかり形成されているようです。できたこと、楽しいことを自分から母親や保健師に共有しようとしており、初期の社会性発達に問題はないようです。

言語理解　1歳前から日常生活での簡単な指示は理解できていました。物の名称を聞いて、指さして応答できるようになってきており、概ね年齢相応の言語理解力であると考えられます。

言語表出　上記の各領域に比べ、言語表出に遅れが見られています。

　Eくんのプロフィールは図3-2のようなレーダーチャートで表すことがで

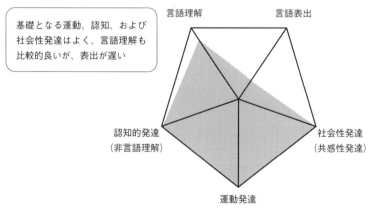

図3-2　レイトトーカーを示すレーダーチャート（LTタイプ①）

きます。

（5）保健師の対応

　ことばの表出以外の発達は順調ですが、レイトトーカーのリスクが高いと考えました。保護者には基本的なことばかけの方法を説明し、2 歳時点でことばの発達を確認するため、もう一度来所してもらうことにしました。もし、2 歳で単語が出ていない、もしくは 50 語以下の場合は、レイトトーカーの状態であることを保護者に伝え、言語聴覚士（ST）[3] を紹介しようと考えています。また、単語が増えていても 2 語文が出ていない場合には、2 歳半の歯科健診で再度ことばの状態を確認し、変化が乏しい場合は ST を紹介する予定です。

2　事例 2　単語がなかなか増えない F ちゃん（2 歳 1 か月）

（1）事例の概要

　F ちゃんは 2 歳 1 か月の女の子です。2 歳を過ぎたのに、単語がなかなか増えないことを保護者が心配して病院を受診し、ST の相談につながりました。

　F ちゃんは日常の簡単なことばは理解できているようですが、言える単語は「まま」「わんわん」など数語だけです。欲しいものは指さしと「ん」という発声で要求できるので生活に困らないそうですが、保護者は何か発達に問題があるのではないかと、とても心配していました。

　初回来室時、F ちゃんが慣れてきたところで、ST が動物や食べ物の絵を見せながら「これはなに？」と聞いても、母親の顔を見るだけでことばは全く発しませんでした。一方で、絵が複数並んだシートを見せて、「車はどれ」「ぞうさんはどれ」と聞くと、上手に指さしで答えることができました。

　母親との遊び場面を観察すると、ごっこ遊びで母親にお料理をつくったり、

3　ことばの発達の遅れなど、ことばによるコミュニケーションの問題の本質を明らかにし、対処法を見出すために検査・評価を実施。必要に応じて訓練、指導、助言、その他の援助を行う専門職。
　（日本言語聴覚士協会 HP より引用：一部改編）https://www.japanslht.or.jp

人形にご飯を食べさせてあげたりと、上手にやりとり遊びをしています。母親を呼ぶ際には「まま」と呼びますが、それ以外に意味のあることばは全く発しませんでした。その代わり、指さしで欲しいものを要求したり、簡単な身ぶりで母親とやりとりする姿が見られました。

ST は、より詳しい評価と母親からの経過確認を実施することにしました。

(2) ST の評価

乳幼児発達スケール（KIDS）[4] では、全体的な発達指数は 96 でした。しかし他の領域に比べて、表出言語が落ち込んでいることがわかりました。母親に日本語マッカーサー乳幼児言語発達質問紙（MCDI）[5] をつけてもらうと、表出語彙は 38 語で、非常に少ないことがわかりました。

(3) 保護者からの聞き取り

父、母、兄（5 歳年中）の 4 人家族です。2,508g の満期産であり、産科で受けた新生児聴覚スクリーニングは両側とも問題ありませんでした。産後の発育も問題なく、母と一緒に退院しました。

乳児期は、両親や兄の顔をよく注視し、相手からの関わりに対し笑顔で反応することがよく見られました。6 か月ころ座位がとれるようになり、8 か月ころには、はいはいであちこち移動できるようになりました。10 か月ころには人見知りと後追いが盛んに見られ、1 歳前には「パチパチパチ」と拍手の真似をして母親に微笑んでみたり、兄のブロックをもって電話を耳にあてる真似をしたりするようになりました。しかし、母親は、兄にくらべて物静かで口数が少ないことが気になっていました。

4　三宅和夫（監修）　大村政夫・高嶋正士・山内茂・橋本泰子（編）(1991)．KIDS 乳幼児発達スケール手引き、発達科学研究教育センター．
　　＊身近な大人の観察をもとに子どもの行動全般の質問に回答することで、9 つの領域別に得点化でき、全体的な発達指数、発達年齢、領域別のプロフィールがわかる。
5　小椋たみ子・綿巻徹（2004)．日本語マッカーサー乳幼児言語発達質問紙．京都国際社会福祉センター．
　　＊乳児期から幼児期の前言語コミュニケーション行動、語彙、文法の発達をチェックリスト方式で評価できる保護者記入式の質問紙。

　1歳の誕生日前に1人で歩けるようになり、誕生日に祖父母の前で歩いてみせ、褒められてニコニコと得意げに家族の顔を見回していたそうです。同じ頃、買ってもらったぬいぐるみに、おままごとでご飯をあげたり、おふとんをかけてあげたりする姿が見られました。声を出しながらごっこ遊びする様子はありましたが、なかなか意味のあることばの表出が見られませんでした。

　1歳半近くになり、母親のことを「ママ」と呼ぶようになり、両親は一安心しました。健診で保健師から「ことばは出ていますか？」と聞かれ、「『ママ』と呼んでくれるようになった」と回答したそうです。生育も順調であったため、特に何の指摘もされませんでした。ことばが出始めたため、両親はさらに表出が増えることを期待しましたが、その後も一向にことばは増えませんでした。

　2歳間近になってやっと、近所の犬を見て「ワンワン」と言ったり、大好きな「アンパンマン」を「ぱんまん」と言うようになりましたが、それ以上はやはりことばが増えません。「お兄ちゃんどこに行ったの」と聞けば兄が遊んでいる隣の部屋を指さし、「お茶碗おかたづけできるかな」といえば、食べ終わった自分の食器を台所に持っていくなど、ことばの理解はできているように感じます。絵本を読みながら「ぞうさんは？」「きりんさんは？」と聞けば指さしで応答することもできます。大人の言うことを理解していそうなのに、ことばが増えないことが心配になってきました。

　2歳になっても変わらないため、保健センターの発達相談に行ってみましたが、「理解が伸びているから心配しなくても大丈夫。様子を見ましょう」と言われたのみでした。

（4）評価のまとめ

　ここまでの情報から、Fちゃんの発達状況を整理すると以下のようになります。

[運動発達]　発達歴の聞き取りから、遅れは認めませんでした。

[認知発達]　ごっこ遊びの様子や、日常生活の理解の様子から、認知発達にも大きな遅れはないと考えられます。

[社会性発達]　1歳前から他者の真似をしており、かつ、そのことを「他者と一緒に楽しむ」ことができていたようです。ごっこ遊びに母親を巻き込む様子が見られ、遊びのストーリーを自ら他者と共有しようとする様子が見られま

す。これらから社会性発達に問題はないと推測できます。

言語理解 日常生活での指示理解、身近な物の名称の理解は年齢相応に伸び
ているようです。

言語表出 表出できる語彙の数も明らかに少ないようです。観察や聞き取り
に加え、KIDS、MCDI でも同様の結果でした。

　F ちゃんのプロフィールも図 3-2 のようなレーダーチャートで表すことが
できます。

(5) ST の対応

　子どもの観察、保護者からの聞き取りに加え、掘り下げ評価から、F ちゃん
はレイトトーカーであると考えられました。

　母親にはレイトトーカーという状態像であることを伝え、追いつく子も多い
ものの、言語発達障害のリスクがあること、なるべく早めにできることをして
いくことを説明しました。

　ST は保護者に対して基本的なことばかけの方法について助言し、家庭で取
り組んでもらうこととしました。月に 1 回程度、関わり方について相談に乗り
ながら、保護者指導を継続しました。F ちゃんは 2 か月を過ぎたころからこと
ばが増え始め、2 歳半には単語と単語をつなげて話すようになりました。そこ
で ST は、トイトーク[6] について説明し、さらに家庭での取り組みに付け加え
てもらいました。

　初回面接から 8 か月後、2 歳 8 か月には、文でのおしゃべりが増えてきました。

　3 歳で LC スケール[7] を実施したところ、言語表出はまだ低めではあります
が、総合言語発達年齢は概ね正常域まで近づいてきました。保護者の心配はな
くなり、F ちゃんとのおしゃべりを楽しむようになりました。

6　ことばとことばをつなげて話し始めた子どもの保護者に対することばかけ指導。詳しくは第 4 章
を参照。
7　大伴潔・林安紀子・橋本創一・池田一成・菅野敦(2019). LC スケール（増補版）言語・コミュ
ニケーション発達スケール. 学苑社.
　　＊幼児の言語発達を評価する検査。言語理解、言語表出、コミュニケーションの 3 領域で子ども
の言語を評価できる。

3　事例3　2語文がなかなかでないGくん（2歳6か月）

(1) 事例の概要

　Gくんは2歳6か月の男の子です。言いたいことは単語で伝えており、2語文はまだ出ていません。日常的なやりとりには困りませんが、両親は保育所の友達が文でおしゃべりしている様子を見て不安になり、病院で相談することにしました。

　医師の診察では、「口開けて」「お腹見せて」といった指示に嫌がらずに応じ、診察室に置いてあった玩具の乗り物や動物の名前を聞かれて答えることもできました。しかし、やりとりをしていても文で話す様子は見られず、単語も時々不明瞭なことがありました。医師と両親が話している間は大人の様子を見ながら、座っておとなしく待っています。医師が紙とクレヨンを渡すと、線や丸のような形をたくさん描き、自慢げに見せてくれました。最後は笑顔で「バイバイ」と手を振り、ハイタッチをして帰っていきました。

　全体的な知的発達や社会性の発達に遅れはなさそうですが、やはり両親の言う通り言語面の遅れがあると考えられたので、詳しく調べるためにSTが評価を行うことになりました。

(2) STの評価

　新版K式発達検査2020[8]では、運動面や認知面に遅れはなく、言語面のみ遅れているという結果でした。言語面は表出だけでなく、理解にも遅れがあることがわかりました。理解にも遅れがあったことから、難聴の可能性を考えて聴力検査を実施しましたが、聴力は正常でした。表出について詳しく評価するために日本語マッカーサー乳幼児言語発達質問紙を実施すると、言えることばの数も少ないことがわかりました。特に、動詞の数が少ないという結果でし

***

8　新版K式発達検査2020(2020)．京都国際社会福祉センター.
　＊乳幼児や児童の発達を「姿勢・運動」「認知・適応」「言語・社会」の3つの領域で評価する検査

た。遊び場面の観察では、両親の言うことをよく聞いていますが、2回言われないとわからないことや、言われたことと違う行動をすることがあり、理解ができていない様子が度々見られました。また、物の名前はよく言っていますが、動作はオノマトペや身ぶりで表現していることが多いようでした。STが遊び場面に入っていくと、最初は少しはにかみながら様子をうかがっていましたが、慣れてくると笑顔も増え、自分からSTを遊びに誘って楽しんでいました。

(3) 保護者からの聞き取り

　両親と祖父母の5人家族です。38週2日、2,550gで生まれました。出生後の経過も順調で、新生児聴覚スクリーニングも問題ありませんでした。

　3か月で首が座った後、お座りは8か月、つかまり立ちは11か月でできるようになりました。家族は発達が少し遅いのではないかと心配していましたが、1歳3か月で無事に歩けるようになり、家族は安心しました。このころは、散歩に行って犬や猫を見つけると笑顔で大人を見て知らせたり、紙に何か描いては自慢げに大人を見ていました。家にはさまざまな玩具があり、大人がやっているのを見て覚え、1人でできることもどんどん増えていきました。「ゴミ、ぽいしてきて」と言えば捨ててきてくれるし、「ないない（お片付け）して」と言えばやってくれるので、大人の言っていることは伝わっているように感じていました。それなのに、ことばがまだ全く出ていないことが気がかりでした。

　1歳6か月になってもことばは出ていませんでした。言いたいことは主に目線や表情や発声で大人に伝えていました。時々、遊んでいる時に「見て」というように大人におもちゃを見せたり、持ってきたりすることがありました。日常的な声かけにはすぐに反応しますが、おままごとで「リンゴちょうだい」と言われてバナナを渡すことや、「バスどれ？」と聞かれて飛行機を指さすといったことが時々あり、理解の曖昧さも少し気になっていました。

　2歳ころになると、「○○どれ？」と聞かれて、自分が好きな物や身近な物であれば間違えずに指さしたり、選んで取ることができるようになりました。表出面は、大人のことばを少し真似しようとする様子が見られ始めました。でも、「りんご」の「ご」のように、ことばの一部分しか言えないことや、他の

人にはわからないGくん語のようなことばが中心です。ことば以外の発達は、公園で友達と遊んでいる様子を見ていても、近くの友達をよく見たり真似して活発に動いており、気になることは何もありませんでした。

　2歳6か月になった最近では、身近なものであれば、「○○どれ？」に間違えて応答することはほとんどなくなりました。一方で、ままごとで「洗って」とお願いすると、切る真似をしてみたり、車で遊んでいる時に「うさぎさんも乗せて」と人形を渡すと、「いいよ」と近くにあった布をかけて寝かせたりといった間違いがよくあります。しかし、言えることばは増えてきて、いろいろなことをことばで伝えようとするようになりました。ジェスチャーを使って言いたいことばを思い出しながら話す様子が見られます。まだ文にはならず、単語もゴニョゴニョしていることがあります。

(4) 評価のまとめ

　ここまでの情報から、Gくんの発達状況を整理すると以下のようになります。
　運動発達　発達は決して早くはありませんが、明らかといえるほどの遅れは認めません。
　認知発達　生活の中で、大人の真似をしながらできることがどんどん増えてきている様子から、認知発達に遅れはなさそうです。
　社会性発達　小さいころから大人に関わりを求めることや、共有しようとする様子があります。また、対人的な関わりが家族以外に同年齢の友達や先生にも広がってきており、社会性の発達は順調と思われます。
　言語理解　物の名前が理解できるようになるのが遅く、動詞の理解は今でも曖昧なようです。検査の結果からも、理解の発達に遅れがあると考えられます。
　言語表出　1歳半になっても単語が出ず、その後少しずつ増えてきていますが、語彙数はまだ少なく、時々不明瞭で、文にもなりません。検査の結果も同様に、遅れを認めます。また、言いたいことばが思い浮かばない時に、ジェスチャーを使って伝えようとする様子が見られます。

　Gくんのプロフィールは、図3-3のようなレーダーチャートで表すことができます。

　ことばの表出だけでなく、理解にも遅れがあり、年齢的にも後の言語発達障

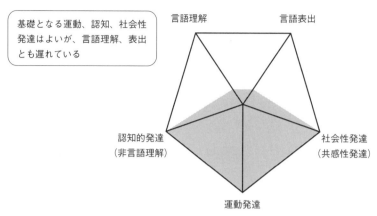

基礎となる運動、認知、社会性
発達はよいが、言語理解、表出
とも遅れている

言語理解　　　　　言語表出

認知的発達　　　　　　　　　社会性発達
（非言語理解）　　　　　　　　（共感性発達）

運動発達

図3-3　レイトトーカーを示すレーダーチャート（LTタイプ②[LLTを疑う]）

害のリスクが高いLLTの状態にあると考えられます。

（5）STの対応

　母親にレイトトーカーという状態像と、言語発達障害のリスクが高いことを説明し、家庭での取り組みと病院での個別指導を開始することを提案しました。

　家庭でのトイトークの取り組みと個別指導を開始してから3か月経ったころ、単語をつなげた文で話すことが少し出てきました。理解面も、動詞の理解が確実になり、動詞の入った文も正しく理解できるようになってきました。それから半年経つころには文で話すことが増え、ことばでのやりとりを楽しめるようになりました。保護者の「文が言えない」という不安はなくなりましたが、今でもことばの言い間違いや、適切なことばがとっさに出てこないことが多く、言語発達障害の可能性が考えられるため、今後も指導は継続する予定です。

　ここまで1歳半から2歳半ころまでの3人のLTのお子さんを見てきました。
　運動・認知の発達、社会性発達に問題がないにもかかわらず、言語表出や言語理解に遅れが見られることがLTのお子さんの大きな特徴です。しかし、実際の評価場面では、運動・認知の発達が全般的に遅れていたり、社会性発達の

弱さがあり、ASD のリスクを疑う子どもも一定数おり、その区別はとても重要です。次は、全般的発達の遅れを疑う子、ASD を疑う子を見てみましょう。レーダーチャートと合わせて確認します。

4　事例 4　全般的発達を疑う H ちゃん（2 歳 4 か月）

（1）事例の概要

　H ちゃんは 2 歳 4 か月の女の子です。保育所の先生からことばの遅れを指摘され、保健センターに相談に来ました。

　母親からの聞き取りで、H ちゃんが今言えることばは「ママ」「パン」「ニャーニャ」「だっこ」「ない」など 13 語程度です。遊んでいる時に「○○ちょうだい」とお願いすると、正しく選べる物もありますが、母親の反応を見ながら選んでいることもある気がするとのことでした。

　相談時には、用意してあったおもちゃの中から小さな積み木を手に取り、何とか 3 個積むことができました。積み上がると嬉しそうに大人を見て、一緒に拍手をしています。丸・三角・四角の形のパズルは、丸は上手にはめることができますが、他の形は自分ではめることができず、「ママ」と言って母親に手渡してやってもらっています。パズルの後はままごとセットにも興味を示し、コップを口元に持っていったり、スプーンで混ぜる仕草をしていました。大人も一緒に飲んだり食べたりする振りを見せると、ニコニコしながら見て真似しようとしています。保健師が「いちごをください」と言うとリンゴを渡したため、「あれ？　いちごは？」と言いながら首をかしげて見せると、今度は少し迷いながらバナナを渡すということがありました。

（2）保健師の評価

　保健師が絵本を見せながら「りんごはどれ？」「車はどれ？」などと聞いても正しく応答えることができませんでした。「ブーブーはどれ？」などと擬音語を使い、さらにジェスチャーも合わせて聞いてみると、指さしできるものもありました。この様子から、理解できていることばがまだ少ないことがわかり

ました。次に、絵カードを見せて「これは何？」と聞くとことばで答えられたものは1つしかなく、他は単語の一部分や身ぶりで答えていました。保健師が見本を聞かせると、真似して言おうとする様子はありましたが、ことばの表出面にも遅れがあることが確認されました。

(3) 保護者からの聞き取り

両親、兄（6歳）、姉（4歳）の5人家族です。妊娠中や出産時にトラブルはなく、新生児聴覚スクリーニングも問題はありませんでした。

上のきょうだいに比べて運動発達が遅く、お座りができるようになったのは9か月、つかまり立ちが1歳、1人で歩けるようになったのは1歳4か月でした。今でもまだ転ばずに走ることやボールを蹴ることは難しいようですが、楽しそうに動き回っているので、「そのうち上手になるだろう」と、家族は前ほど心配していないとのことでした。お兄ちゃんやお姉ちゃんとは、テレビを見ながら踊ったり、おままごとや積み木でよく遊んでいます。ことばに関しては、歩けるようになったころから「そういえばことばが出ていない……」と気になり出し、1歳半健診で相談したようです。その時は「個人差も大きいので様子を見ましょう」と言われ、実際に2歳間際になって「ママ」が言えるようになり、その後も少しずつ増えているように感じていたので、「このまま追いつくといいな」と期待していました。

(4) 評価のまとめ

ここまでの情報から、Hちゃんの発達状況を整理すると以下のようになります。

運動発達 初期の運動発達から遅れが見られており、発達のペースはゆっくりです。

認知発達 積み木や簡単な形のパズルなどを楽しんでいますが、まだ1人では上手くできないことも多いようであり、遅れがあると考えられます。

社会性発達 大人に共感を求めることや、真似する力などがあり、社会性はゆっくり育ってきているようです。

言語理解 わかることばの数がまだ少なく、言語理解に明らかな遅れが見られます。

言語表出 言えることばは少しずつ増えてきているようですが、この年齢で期待されるよりも少なく、理解と同様に遅れが見られます。

Hちゃんは言語発達の遅れだけではなく、運動発達や認知発達にも遅れを認める、全般的な発達の遅れと考えられます。Hちゃんのプロフィールは図3-4のようなレーダーチャートで表すことができます。

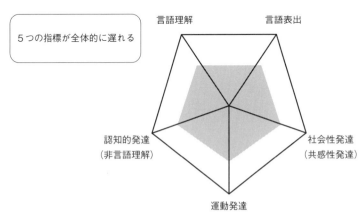

図3-4　全体的な発達の遅れを示すレーダーチャート

5 事例5 自閉スペクトラム症を疑うIくん（2歳0か月）

(1) 事例の概要

　Iくんは2歳0か月ですが、まだ単語が1つも言えません。他の人にはわからない、「Iくん語」は1人でよく話しています。両親は、Iくんがことばが言えないだけでなく、自分たちが言っていることもIくんに伝わっていないように感じており、心配になり受診しました。

　来院時、Iくんはお気に入りのミニカーを持参し、それを握ったまま課題に取り組んでいました。Iくん語の独り言はありますが、ことばらしいことばは出ておらず、大人が声をかけても聞こえていないかのような反応です。STと視線を合わせることも少なく、正面から名前を呼んでも特に反応はありません。物への反応は素早く、積み木や型はめを出すとすぐに手に取り、あっという間にできました。ただし、物によって全く興味を示さないことや、本来の使い方と違う方法で自由に遊び始めることがありました。課題ができた時などにSTが「すごいね」と言いながらハイタッチの手を出すと、そっと手を出して合わせますが、他の教材や窓の外が気になる様子で、目線は合いませんでした。

(2) STの評価

　新版K式発達検査を実施し、運動面の発達は年齢相応であり、認知面も明らかな遅れはありませんでした。言語面は理解、表現ともに年齢よりも遅れているという結果でした。大人の声かけに対する反応も乏しかったので、念のために後日、聴力も確認しました。その結果、左右とも問題はありませんでした。

(3) 保護者からの聞き取り

　両親、弟（10か月）の4人家族です。37週6日、2,800gで生まれました。物音に敏感で、寝てもすぐに起きてしまうことや、抱っこしていてもなかなか目が合わないと感じることがありましたが、初めての子どもだったので「赤ちゃんってこういうものなのかな」と思っていたそうです。同じ敷地内に住んでい

る祖父母が育児を手伝ってくれたので、そこまで大変さも感じていませんでした。1歳前には歩き始め、運動発達は早い方でした。怖いもの知らずで、1人でどこへでも行ってしまうため、常に目は離せませんでした。1人で遊ぶことが好きで、大人が入ろうとすると嫌がることもありました。1歳前から声を出していることは多かったのですが、1歳を過ぎてもことばは出ず、大人が名前を呼んで返事をすることもありませんでした。また、ジェスチャーについて確認すると、嫌な時に首を振ることや、自分から何かを伝えようとする時に指さしを使うことはほとんどなく、発声や行動や表情などからIくんが言いたいことを大人が推測して対応していることが多いとのことでした。また、10か月の弟が最近「おいしい」「ねんね」など大人がする身ぶりを真似するようになってきましたが、思い返すとそういった模倣も少なかったと感じるそうです。

　1歳半健診で相談した時には、「これから保育所に入って伸びる可能性もあるし、様子を見ましょう」と言われました。

　Iくんは運動発達や認知発達に大きな遅れはなさそうですが、社会性の発達に遅れがあり、それに伴い、理解、表出ともに言語面の遅れが生じていると考えられました。Iくんのプロフィールは図3-5のようなレーダーチャートで表すことができます。

　後半に紹介したHちゃん、Iくんは、ことばの遅れから相談につながりまし

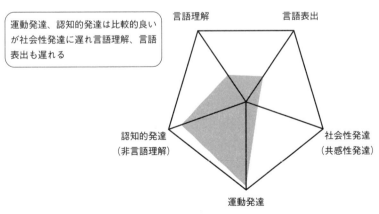

図3-5　ASDを疑う場合のレーダーチャート

たが、その背景に全般的な発達の遅れや ASD の兆候が認められました。こう
いった子どもに対してもできるかぎり早期からの支援がとても重要なのは言う
までもありません。

SLI（特異的言語発達障害）

　SLI（特異的言語発達障害）とは、4～5歳以降の子どもで言語発達を阻害する原因が見当たらないのに言語に問題がある場合を指します。SLIは、医学的診断名ではありませんが、DSM-5の神経発達症／神経発達障害群のコミュニケーション症群／コミュニケーション障害群に含まれる言語症／言語障害群に属します。発達に沿って現れる言語症状としては、まず、初語や2語文の遅れが認められ、LTのプロフィールを示します。そして、英語圏のSLI児では文法形態素の習得のつまずき、語想起困難、音韻記憶の弱さなど深刻な言語の問題を呈し、就学後は読み、特に読解力や授業内容の理解の弱さなどから学習につまずき、限局性学習症／限局性学習障害、言語学習障害（LLD: Language-based learning disability）に至るリスクが高いと報告されています（Matte-Landry et al., 2020）。また、通常級の5歳児6,000人のスクリーニング調査では7.6％の発現率が報告されており、稀な障害ではなく、成人後も言語の問題が続くと捉えられています（Tomblin et al., 1997）。

　日本語でもSLIが生じ、文法障害がある子どもがいるはずですが、外国人が日本語を話した際に認められるような明らかな文法的誤りを子どもとの会話の中で感じることは極めて稀です。背景に日本語特有の性質があり、大人同士の会話でも助詞のみならず、文の構成要素（主語、目的語、動詞など）が省略されるため、日常会話の中では子どもが言えないのか、言わないのかがわかりません。また、SLI児は4歳ころには3～4語文レベルで話しています。そのため、「話しているとわかっている」あるいは「追いついた」と捉えられ、そのまま就学することが少なくありません。このような日本語SLIの状況から日常会話ではわからない言語の問題を発見するために、近年、田中ら（2018）は言語のダイナミックアセスメント（DA: Dynamic Assessment）による評価法を提案しています。DAとは、子どもに言語スキルを教え、その後、その新しいスキルをどの

程度使えるようになったかを調べるものです。もし言語に問題があると、教えても伸びません。田中らによる DA はコミュニケーションのための言語ではなく、思考や学習のための言語を対象としており、音声言語及び書字言語の両面について評価することができます。前者では簡単なナラティブのマクロ構造（話の組み立て）について絵やアイコンを用いて教えます。後者では、新奇文字を用いてカナ習得の力を評価します。ちなみに、言語発達障害児の場合、マクロ構造の習得に時間がかかる、習得したマクロ構造を自分の経験を話す際に応用が難しい、単純な文や非文が多い、接続詞が適切でない、語の意味の間違いやあいまいさが多い、言い誤りや言い直しが多いなどが認められることがわかってきています。

文献

Matte-Landry, A., Boivin, M., Tanguay-Garneau, L. et al. (2020). Children With Persistent Versus Transient Early Language Delay: Language, Academic, and Psychosocial Outcomes in Elementary School. Journal of Speech, Language, and Hearing Research. 63 (11), 3760-3774.

田中裕美子・西山芽衣・西脇光理（2018）ダイナミック アセスメントを用いた学習言語の評価法の検討：年長・低学年を対象に. 第 44 回日本コミュニケーション障害学会学術講演会.

Tomblin, J, B., Records, N, L., Buckwalter, P. et al. (1997). Prevalence of specific language impairment in kindergarten children. Journal of Speech, Language, and Hearing Research. 40 (6), 1245-1260.

（田中裕美子）

第4章
LTへの適切なアプローチ

遠藤俊介

1 「ことばの遅れ」を心配する保護者をどう支援するか？

(1)「様子を見ましょう」の意味は？

　子どものことばの遅れを主訴として相談機関を訪れる保護者は大きな不安を抱えています。きょうだいと比較して、近所の子と比較して、「自分の子どものことばの発達が明らかに遅い」「この子は何か病気ではないのか」「ずっと話せないままだったらどうしよう」「私の育て方が悪いのだろうか」「テレビを見せすぎているからだろうか」「私がスマホばっかり見ているから？」「お義母さんに何か言われちゃうかな……」「健診で何か言われたらどうしよう……」。

　子育ての基本は、親子ともに「楽しく、安心して」です。ですから「ことばが遅くて心配です」という相談に対して、いたずらに保護者の不安を掻き立てるのは好ましくありません。1歳台、2歳台の子どもの発達は個人差が大きいといわれます。また、地域によってはその時期の子どもを紹介できる専門機関が不足している場合もあるでしょう。「遅れています」と伝えて保護者の不安をあおるよりも「大丈夫、様子を見ましょうね」と伝え、まずは保護者を安心させることが優先されていることは多いのではないでしょうか。保護者に安心してもらい、前向きに子育てに取り組んでもらうことそのものは間違いではありません。

　しかし、中には次のような保護者もいます。

どうしていいかわからなかったJくんのお母さん

　1歳半近くになってもJくんはことばを発することがなく、お母さんは悩んだ末に1歳半健診で相談をしました。医師や保健師が子どもを観察してくれ、「男の子はことばが遅いことも多いし、理解もできていそうだから大丈夫。心配しすぎないで様子を見ましょう」と優しく言われました。その日は安心して帰宅しましたが、その後3か月、4か月と様子を見てもことばは出てきません。お母さんは本当に様子を見ているだけでいいのか、再び不安になってきました。ママ友や祖父母に聞いても「大丈夫、大器晩成っていうしね」と元気づけてはくれますが、根本的な不安は解消しませんでした。意を決し、2歳前に保健センターの発達相談を申し込みました。専門の先生が家庭での様子を聞き取り、子どもの遊びを観察してくれて、やはり「様子を見ていて大丈夫ですよ。たくさんことばかけをしてあげましょうね」と言われました。しかし、お母さんはこれまでも頑張ってたくさんことばかけをしていましたし、丁寧に見守ってきたつもりです。「自分は頑張って子育てをしてきたつもりだけど、実際にJのことばは出てこない。私の子育てが何かおかしいのだろうか」。どんどん不安になったお母さんは、地域の子ども専門病院を受診して相談することにしました。病院で対応してくれた言語聴覚士は、お母さんとJくんをおもちゃがたくさんある部屋へ案内し、いつもどおりに楽しく遊ぶように説明し、それを別室で観察しました。また、Jくんに簡単なクイズを行い、お母さんから細かく発達経過の聞き取りをしました。その後でJくんの状況を「レイトトーカー」という用語を使って説明してくれました。現状ではことばの発達はゆっくりであること、同じプロフィールをもつ子どもが一定数いること、お母さんの関わり方や育て方のせいではないこと、多くの子は次第に伸びて追いつくこと、将来言語に弱さをもつリスクはあるが、それを減らすためにできることがあることを話してくれました。お母さんは「これまで『様子を見ましょう』ばかりで、何も具体的なことがわからずに不安でした。『遅れている』と言ってもらえて、何をすべきかがわかって、前向きな気持ちになりました」と涙を流しながら話されました。

　保護者を不安にさせないために、「大丈夫」「心配しないで」と伝えることは大切ですが、その根拠があいまいなままだとかえって保護者の不安を高めることもあります。

　今子どもはどういった状態で、どんなリスクが考えられ、具体的にこれに取り組みましょう、ということを説明したほうが保護者は安心します。

（2）SNS 世代の保護者の情報収集

　K 病院の言語聴覚士宛に、次のような問い合わせの電話がありました。

病院への問い合わせの電話

　「2 歳を過ぎたけれど、言える単語が 10 個くらいしかありません。Web でいろいろ調べてみたら、早く専門的な訓練を受けたほうがいいと書いてありました。訓練はしてもらえますか？　近くに訓練をしてくれるところが見つからないんです。早く訓練をした方がいいと書いてあったので、焦っています。YouTube で専門の方が、ことばを伸ばすためにまずは検査を受けることだと言っていました。○○の検査と□□の検査はそちらで受けられますか？」

　電話を受けた言語聴覚士は、療育や検査の適応は、お子さん一人ひとり違うこと、親御さんが希望している検査は 2 歳では受けられないことなどを説明し、心配であれば一度評価のために受診してみるよう伝えました。耳鼻科で聴力検査と医師の診察を受け、言語聴覚士が観察したところ LT であると推測でき、親御さんに日常の関わり方、ことばかけの仕方を助言し、取り組んでもらうことにしました。

ここ数年、SNSや動画サイトで専門の先生方が情報発信することがとても増えました。その一つひとつの内容は素晴らしいものが多いのですが、保護者によっては、自分の興味や関心に合致した一部分だけを取り込み、結果、偏った情報として理解してしまうこともあります。情報にアクセスしやすくなったのはよいことですが、過多になりやすい情報を子どもと保護者の状況に応じて適切に整理してあげる役割が重要です。

(3) 保護者に安心して子育てをしてもらうために

　専門病院で保護者に問診をする際、「これまでお子さんのことを相談したことがありますか？」「どんなことを助言されましたか？」と尋ねると、「たくさん関わってあげてください」「ことばかけをたくさんしましょう」と助言を受けた、という方が多いようです。もちろんとても重要な助言ですが、曖昧な伝え方が保護者を追い詰めていることも経験します。「私がコミュニケーション上手じゃなくて、ことばかけがうまくできないから、この子のことばが遅いのだろうか？」と、保護者が子育てに不全感を感じていることもあります。「私が絵本の読み聞かせをしなかったからでしょうか？」と自責の念に苛まれる保護者もいます。一方、「たくさんことばかけするようにと言われたので」と、ずっとのべつまくなしにことばかけをし続ける保護者も時々見かけます。「ことばかけをたくさんしましょう」「たくさん遊びましょう」という曖昧な助言ではなく、「『どんな場面で』『どんなタイミングで』『どういったことばかけを』してあげましょう。その理由は……」と具体的に、それぞれの保護者にとって納得のいく方法で説明することがとても大切です。

　適切な助言のためには、子どもの状態を正確に評価することが必要です。

　以下では、LTと判断するための評価方法、そしてLTが疑われたらどんな助言をしたらよいかについて考えてみたいと思います。

2　「ことばの遅れ」を適切に評価する

(1) はじめにチェックしたいこと

　子どもの「ことばの遅れ」の相談があった場合、まずは下記の項目をチェックすることが重要です。

①聴力に問題はないか

②明らかな全体的発達（運動発達、知的発達）の遅れがないか

③明らかな自閉スペクトラム症（以下、ASD）の兆候がないか

　聴力については、最近は多くの自治体で新生児聴覚スクリーニングが普及してきましたので、生まれた時に産婦人科で聞こえのチェックができるようになりました。しかし、上記はあくまでスクリーニング検査ですから、難聴があるのに「PASS（問題なし）」とされてしまったり、検査機器によっては特殊な難聴を見つけられなかったりすることもあります。また、稀にですが出生時に正常でも徐々に聞こえが悪くなるお子さんもいますし、頻繁に中耳炎を繰り返して聞こえづらい状態が長期に持続するお子さんもいます。問診や観察で日常的に小さな音にもしっかり反応しているか、チェックすることはとても重要です。

　全体的な発達は、運動発達や遊び方、日常生活スキルの様子から判断します。標準化された検査法も何種類かありますので、それらを用いるとさらに確実です（表4-1）。

　また、ASD の特性があり、初期の社会性発達（社会的認知の発達）に問題が見られる場合もことばの獲得は遅れます。しっかりアイコンタクトが取れるか、「嬉しい」「面白い」「できた！」「あった！」などの情動を自分から大人に共有しようとするか、何か起きた時に大人の顔を見て状況を確認しようとする

表4-1　全体的な発達を評価する検査法（問診や保護者記入で可能なもの）

・KIDS 乳幼児発達スケール（三宅ら, 1991）

・津守式乳幼児精神発達診断法（津守・稲毛, 1965）

・遠城寺式乳幼児分析的発達検査法（遠城寺, 2009）

か、ふり遊びやごっこ遊びで大人とやりとりしながら楽しめるか、役割の反転ができるかなどで、社会性発達を判断していきます。スクリーニングとしては、乳幼児期自閉症チェックリスト修正版（Modified Checklist for Autism in Toddlers: M-CHAT; Robin et al., 2001; 稲田・神尾, 2008）を保護者に記入してもらい、確認することが有効です。

　上記①②③に問題がある場合、ためらわずに医療機関につなぐことが大切です。もちろん、保護者によっては想定外の指摘に驚き、拒否感を示す方もいるでしょう。しかし、少なくとも保護者から「ことばの遅れ」の相談があった場合には、安易に先延ばしすることにメリットはないように思われます。

（2）「ことばの遅れ」以外に問題がない場合

　上記①②③に問題がないのに「ことばが遅れている」場合、LT を疑ってみることが必要です。

　第1章で紹介したように、2歳から3歳の時期に以下のような症状が見られたら、言語聴覚士などの専門職を紹介し、丁寧な評価を行い、経過観察でよいのか、早めに介入した方がよいのかを、見分ける必要があります。

1）　表出できる語彙が50語以下
2）　2語文がほとんど出ていない

　1）は保護者への問診や質問紙（日本語マッカーサー言語発達質問紙など）での情報収集で比較的わかりやすいのですが、2）は少し丁寧に評価する必要があります。保護者からの聞き取りで「2語文がでています」と回答があった場合も、「あんぱんまん、みる」（アニメの DVD を見たい時）など、特定のフレーズしか出ていない場合は要注意です。ある程度たくさんのレパートリーで2語文が出ているか確認したいところですが、2歳台の子どもなので、慣れない場所や相手には人見知りをしてしまい、うまくおしゃべりしてくれないこともあります。その場合、保護者と1対1でしばらく遊んでもらい、その様子を観察することでより詳細な評価することができます。その方法については、次の項で説明します。

LTは「状態像」であり、「リスクがある」ということです。LTだから必ず言語発達障害がある、ということではありません。しかし、ただ「経過を見ましょう」と時を過ごすのではなく、保護者にリスクを説明しつつ少しだけ丁寧な子育てをしてもらう、日々の関わりに「ちょっとした工夫」をしてもらうことで、リスクを少しでも減らすことができると考えられています。

状態を正確に伝え「できることがある」と保護者に伝えることは、保護者を安心させることにつながります。

(3)「文の多様性」で評価をしてみましょう

2歳～2歳半の時点で子どもにLTが疑われる場合、丁寧な助言と経過観察が必要です。一方で、LTの中には正常発達範囲の言語能力を獲得していく子どももいます。発達についての相談を受ける専門職としては、目の前の子どものことばの遅れが「発達上の個人差の範囲内なのか、それとも後の言語発達障害の前兆なのか」「もう少し経過観察していていいのか、できる限り早期に言語の専門家につなげた方がいいのか」を判断することが求められます。

これを早期に判断するために、近年、子どもが自発的に表出する発話の「文の多様性（sentence diversity）」を活用することの有効性が報告されています。これは、一定時間保護者と子どもに自由に遊んでもらい、子どもの自発話を観察して評価する方法で、非常に簡便です。日本の子どもたちに対しても「文の多様性」の観点から、目に見えない言語発達を数値化する試みが始まっています。

文の多様性評価は、保護者と子どもに30分間遊んでもらい、子どもの自発話の中の文のレパートリー（具体的には、名詞と動態動詞[1]の異なる組み合わせ数）を数えます。30分間で一定数の多様な文が表出されるかどうかを見ますが、もし最初の10分で基準となる数の表出が見られれば、その時点で評価は終了して大丈夫です。子どもによっては場に慣れて、普段の調子がでるまで

1　「動態動詞」とは、動きを表す動詞のことです。一般的な動詞をイメージしてもらえれば大丈夫です。これに対して「状態動詞」があり、「ある」「いる」などものの状態を表す動詞です。文の多様性評価は、この状態動詞による文は含めずにカウントします。詳細は本章第4節で説明します。

時間を要する場合もありますので、その場合はしっかり 30 分間観察をします。

では、具体的に数え方を説明します。

①子どもの発話の中で、名詞と動詞の組み合わせで表出された発話を書き出す

例えば「りんごたべよう」「そうさんが遊んでるの」「いちご洗おうね」「車乗りたい」「ママがあけて」などといったものです。名詞＋動態動詞になっていれば、助詞を使っているかどうかや、名詞が「主語」なのか「目的語」なのかといった文法的な判断は必要ありません。注意が必要なのは、単語と単語をつなげた文であっても、名詞＋動態動詞の組み合わせでないものは数えない、という点です。

例えば、以下のような組み合わせは数えません。

「これは何？」　　　　　（名詞「これ」＋名詞「何」）

「ママはりんごね」　　　（名詞「ママ」＋名詞「りんご」）

「ぞうさんおおきいねえ」（名詞「ぞうさん」＋形容詞「おおきい」）

また、動詞でも物事の状態を表す状態動詞（「いる」「ある」など）は除きます。

「わんわんいた」（名詞「わんわん」＋状態動詞「いる」）

「くるまあった」（名詞「くるま」＋状態動詞「ある」）

さらに、ある単語がある単語を修飾する「句」は含みません。

「あかいくるま」（「あかい」が車を修飾）

「僕のくつ」　　（「僕の」が靴を修飾）

本章第 4 節でさらに詳しく説明しますので、そちらも参照してください。

②書き出した名詞と動詞の組み合わせの中から、異なる組み合わせ（バリエーション）の数をかぞえる

図 4-1 のように、名詞と動詞の異なる組み合わせを数えます。

同じ組み合わせのものは 1 つとします。例えば、「ぼくがやりたい」「ぼくがやった」「ぼくにやらせて」など、複数の発話があったとしても、組み合わせとしては「ぼく」＋「やる」で 1 つとカウントします。発話の「多様性」についての評価ですので、同じ組み合わせばかり使用している子どもの評価は下が

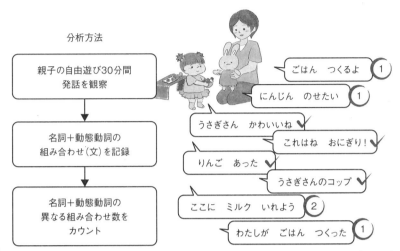

分析方法

親子の自由遊び30分間
発話を観察

↓

名詞＋動態動詞の
組み合わせ（文）を記録

↓

名詞＋動態動詞の
異なる組み合わせ数を
カウント

ごはん　つくるよ ①

にんじん　のせたい ①

うさぎさん　かわいいね

これはね　おにぎり！

りんご　あった

うさぎさんのコップ

ここに　ミルク　いれよう ②

わたしが　ごはん　つくった ①

子どもと保護者の遊び場面を観察し、子どもが自発的に表出した発話の「名詞＋動態動詞」
の組み合わせを数えます。最後のセリフの「わたしが　ごはん　つくった」は、「わたし」
＋「つくる」、「ごはん」＋「つくる」で組み合わせ数2ですが、「ごはん」＋「つくる」は
すでに数えているので、重複するものはのぞいて、異なる組み合わせ数（バリエーション）
を見ていきます。

図 4-1　「文の多様性」の分析方法

ることになります。

③名詞と動態動詞の異なる組み合わせ数（文の多様性）を標準値と比較する

　現在、2歳6か月の子どもの標準値がわかっています。

　子どもの文多様性スコアを標準値と比較することで、ことばの遅れに対して
早期介入した方がよいか、もう少し経過観察でよいかを判断する1つの基準と
なります。

　また、定期的に経過観察を行う場合、毎回同じ条件で文多様性スコアをチェ
ックすることで、子どもの言語が伸びているのか、それともあまり伸びていな
いのかを確認することができます。定型発達の子どもは図 4-2 のように成長
に伴って文の多様性が増加します。経過観察を行ってもその伸びが乏しい場合
は、むやみに経過観察を長引かせず、早めに専門家の指導につなぐことが望ま
しいと考えられます。

【27か月】
文の多様性スコア：2

おなか	すく
だっこ	する

【30か月】
文の多様性スコア：9

きのこ	あらう
こうえん	いく
りんご	つくる
にんじん	はしる
メルちゃん	たべる
まま	あげる
このへん	とぶ
がーこ	はいる

【33か月】
文の多様性スコア：19

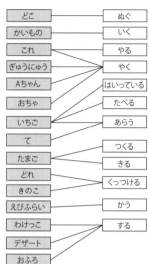

どこ	ぬぐ
かいもの	いく
これ	やる
ぎゅうにゅう	やく
Aちゃん	はいっている
おちゃ	たべる
いちご	あらう
て	つくる
たまご	きる
どれ	くっつける
きのこ	かう
えびふらい	する
わけっこ	
デザート	
おふろ	

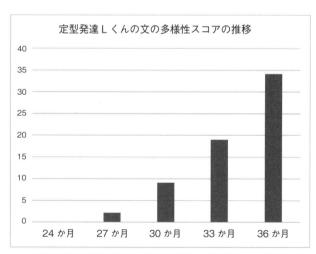

図4-2　定型発達Lくんの「文の多様性」の推移

　ただし、文の多様性評価は、判断基準の１つでしかなく、この評価法で言語発達がすべてわかるわけではありません。上述した発達検査や知能検査、言語聴覚士が実施する言語検査などと合わせて総合的に子どもの状態を評価することが必要です。

3　LT であることが疑われたら

（1）LT を保護者にどう説明するか

　問診や観察による評価から言語発達のリスクを認めたら、保護者に対して表4-2 のようなポイントを伝えます。

　子どもの現状と、現在わかっていることを伝え、リスクに備えて「今できること」を具体的に伝えます。

　もちろん、保護者のパーソナリティーや不安度により、説明の仕方や何をどこまで伝えるかはケースバイケースです。保護者が前向きに、楽しく子育てに向き合えるよう配慮することが何よりも大切です。

表 4-2　保護者への説明の例

・お子さんは LT という状態です。

・LT は２歳児の約 15 ％に生じるといわれています。

・そのうちほとんどのお子さんは追いつくといわれています。しかし、一見追いついたように見えても、一部のお子さんに「言語の弱さ」が残ったり、集団生活での苦手さが出てきたりすることがあります。

・言語の弱さとは、例えば「ことばでの説明が得意ではない」「複雑な指示や説明をパッと理解することが難しい」「国語の読解や算数の文章題が苦手」などです。

・そういったリスクを減らすために、家庭でできることがありますので、それに取り組みながら経過を見ましょう（本節(2)項を参照）。

・○か月後にもう一度様子を拝見させてください。○くんのことばがしっかり伸びていくように一緒に経過を見ていきましょうね。

(2) 家庭でできる対応について助言しましょう

　子どもにLTの兆候が見られたら、丁寧に経過を観察するとともに、子ども
の言語発達段階に合わせて、具体的な助言を行います。

1) 子どもがまだことばを話さない

　従来から保護者に対する助言としてよく用いられてきたのは「たくさんこと
ばかけをしましょう」というフレーズです。しかし、これだけでは保護者はな
かなか実際の行動に移しづらいものです。どのようなことばかけを、どのよう
なタイミングで行うのか、できるだけ具体的に伝えることが大切です。

　「たくさんことばをかける」ことはもちろん重要なのですが、子どものこと
ばの発達段階によって、ことばかけの仕方は異なります。

ずっと子どもにことばをかけ続けたお母さん

　Mくんのお母さんは、子どものことばがなかなか出ないことを主訴に病
院を受診しました。Mくんは2歳3か月の男の子で、1歳前に歩き出し、
とても順調に成長しているように見えたのに、2歳を過ぎてもことばが出な
くて、ご両親はとても心配しています。お母さんとMくんに2人で遊んで
もらい、それを観察してみたところ、お母さんはMくんに一生懸命、ずっ
とことばかけをしています。「これ、りんごだね」「これはなに？」「これは
バナナだよ、ば！な！な！」「バナナは黄色いね」「Mくんも昨日食べたね」
「お母さんがたべちゃうよー、あーん」「ほら、ブロックあるよブロック、一
緒に作ろうか、車がいいかな、それとも飛行機にしようかな」Mくんは、
部屋にあったキッチンセットのスイッチに興味津々で、あまり母親のことば
には反応していません。終始ことばかけをしているお母さんですが、時々、
ふっと疲れたような表情を見せて一瞬黙り込んでしまう姿が見られました。
　『次は何をことばかけしたらいいのか……。こんなにことばかけしている
のにMは全然聞いていない……』そんな心の声が聞こえてくるようでした。
　お母さんに話を聞いたところ、健診で「たくさんことばかけ」をするよう
に言われ、また、インターネットでもことばをたくさんかけることが大事と

書いてあったと言います。M くんのことばが遅いのは、自分のことばかけが足りないからかもしれないと思い、とにかく頑張ってことばかけを続けていたそうです。

　アメリカの研究者の Megan ら（2019）は、同国の言語聴覚士に、保護者にどんなことばかけを指導しているか、どんなことばかけ指導が効果的かについての調査を行い、報告しました。その結果、保護者のことばかけ指導は子どもの言語発達を促すことがわかりましたが、実際に使用されていたことばかけ指導の半分以上は、「応答的で自然な文脈に沿ったことばかけ（responsive and naturalistic strategies）」でした。これは具体的には、子どもが遊んでいることや興味をもっていることに焦点を当てて、子どもの行動やことばに「応答するように」ことばをかけるということです。M くんの母親のように何がなんでも声をかけるのではなく、子どもがどうしたいか、何を言いたいか、何をしたいかに応じてことばかけをしていく、ということです。

M くんのお母さんの変化

　ST がお母さんの話を聞いた後、実際に ST が M くんと遊ぶ様子をお母さんに見てもらいました。ST は、最初は黙ってニコニコと M くんの様子を見ています。M くんは ST やお母さんの視線を感じながらも自分の興味があるレンジのスイッチをいじっています。あるボタンを押すと、レンジの蓋がぱかっと開きました。すかさず ST が「あ、開いた！」と声をかけて拍手します。M くんは ST の方をチラッと見て、蓋を閉めて、もう一度同じスイッチを押します。すると、また ST は「わー！開いたね、すごい！」と声をかけます。M くんはまたまた蓋を閉めて、スイッチを押します。蓋はぱかっと開きましたが、今度は ST は何も言いません。M くんはふと ST の方をチラッと見ます。すると ST は大袈裟に手を広げ「わー、また開いた！」と驚いてみせます。M くんは笑顔になり、蓋を閉めてはスイッチを押し、ST が声をかけるのを待つようになりました。数回それを繰り返した後、今度は M くんが蓋を開け、ST を見ても、ST はニコニコしているだけでなにも言いません。M くんは思わず ST に「わー」と声を出します。『早く言ってよ』と

表4-3　Mくんの母親へのことばかけ指導の内容

・母親主導でなく、子どもの行動や発声、ことばに応じるようにことばをかける「見つけた」「おちた」「開いた」「できた」など子どもの遊びの中で変化があったタイミングでことばをかける。

・「教える」という視点ではなく、子どもの言いたいことを「代弁する」というイメージでことばをかける。

・長い文ではなく、短いフレーズでことばかけをする。「パカ」「くるくる」「とんとん」など擬音語擬態語をたくさん使う。

アピールしているようです。

　その後、STとの遊びで繰り返し声を出し、時々「あえー」などことばに近いような声を出すMくんを、お母さんは嬉しそうに見ていました。

　STはMくんのお母さんに、モデルを示しながらことばかけの仕方を助言しました。お母さんは「これまでいくらことばかけをしても伝わっている気がしなかったので苦しかったです。具体的なことばかけの仕方がわかってよかったです」と安心した表情になりました

　STがMくんの母親に助言したのは表4-3のような内容でした

　まだ単語が出ていなかったり、単語が数語出ている程度のお子さんの保護者にはこのようなことばかけ指導をします。できれば、助言する側が、実際に子どもにことばかけする場面を見せてあげると保護者にはわかりやすいでしょう。

2）単語での表出が増えてきた

　子どもが言える単語の数が増えてきたら、今度は少しずつ表現を広げていくことを目指します。英語圏では「one-word up」という助言がなされるそうです。日本語にするなら「ワンワード・プラス」の方がイメージしやすいかもしれません。子どもが言ったことばに一言付け足してみましょう、ということです。この段階のことばかけの狙いは、子どもの語彙をさらに広げていくことです。ここでも、ことばかけの基本は同じで、「子どもが遊んでいる自然な文脈で」「子どもの行動や発語に応じて」ことばをかけていきます。

子ども「ぞうさん」	保護者「そうさんいたね」「ぞうさんおおきいね」
子ども「めんめん」	保護者「めんめんたべようね」
	「めんめんおいしいね」
子ども「アンパンマン」	保護者「アンパンマン好きね」
	「あんぱんまんかわいいね」
子ども「トントン」	保護者「たいこ、とんとんしよう」
	「とんとんできたね」

　子どもが「パスタ」を食べたそうに「めんめん」と言っているときに、「これはなんていうの?」「パスタだよ、パスタ」などことばを教えるように話すのではなく「めんめんたべたいね」と、子どもの気持ちを代弁するようにことばかけするというのも、やはり1)と同様です。

　ここまで見てきた1)2)のようなことばかけの方法は、日本では「インリアル (Inter Reactive Learning and communication: INREAL)・アプローチ」という指導法 (竹田・里見, 1994) に整理してまとめられています。詳細については成書をご参照ください。

3)　子どもが単語と単語をつなげて話し始めた
　子どもの表出できる単語の数が増えてきて、ことばとことばをつなげて話すようになったら、次は「文での表現」の基礎を作っていく準備に入ります。この段階では「トイトーク」という方法が提唱されています。ここまで見てきた1)2)はこれまでもよく言われてきたことですが、このトイトークは近年提唱され始めた手法であるため、まだ知られていない方法かもしれません。詳しい理論的な背景は後ほど説明しますが、ここでは概要を紹介します。
　トイトークでは、保護者に2つの助言を行います

　①お子さんが遊んでいるおもちゃについてお話ししましょう
　②その動きについてお話ししましょう

①は、これまでも見てきたように、子どもの興味や関心、いまやっていることに注目してことばかけするというポイントを改めて提示しています。さらに、トイトークでは「動き」、つまり動詞を意識したことばかけを保護者に心がけてもらいます。

　トイトークの狙いは保護者のことばかけに多様な名詞と動詞の組み合わせを増やしていくことです。

　「ぞうさん歩いてるね」「椅子に座ってるね」「ぞうさん休んでるのかな」「お水を飲んでるのかな」というようにいろいろな動詞を場面に合わせて活用させてことばかけをしていきます。映画「トイストーリー」で、いろいろなおもちゃが縦横無尽に動き回る様子をイメージするとわかりやすいかもしれません。

　トイトークはあそび場面だけでなく、日常のいろいろな場面で使用します。

　子どもと一緒行うさまざまな生活上の行為について、名詞＋動詞を意識しながらことばかけしていくよう、保護者に助言します。

　最初のうちは、専門家が子どもと一緒に遊んでみせ、ことばかけの手本を保護者に見せるとわかりやすいでしょう。

　保護者向けの説明資料を下記 URL からダウンロードできます。必要に応じてお使いください。

日本コミュニケーション障害学会　言語発達障害研究分科会ホームページ内
https://www.gengohattatsu.org/news/221.html

4 「文の多様性による評価」「トイトーク」の理論的背景

　これ以降の節では、上記で紹介した「文の多様性による言語発達評価」、そしてことばとことばがつながり始めた子どもの保護者に対することばかけ指導「トイトーク」の理論的背景を見ていきます。少し専門的な内容になります。

(1)　2歳前後の子どもの「2語文」をどう評価するか？

　これまで何度も出てきましたが、幼児期初期の子どもの言語発達には大きな個人差があります。レイトトーカーの子どもたちも、その後ググッとことばの力が伸びて正常発達に追いつく子がたくさんいます。そのため「個人差が大きいので、様子を見ましょう」ということになりがちです。しかし、それではリスクのある子どもたちへの支援の開始が遅くなってしまいます。

　言語発達障害のある子どもたちに対しては、早期に発見して適切な支援を始めることが重要であると言われています。そこで、世界中で言語発達障害のリスクをいかに早期に発見するか、という研究が盛んに行われています。

　アメリカの Hadley と Rispoli を中心とする研究グループは、この問題に対してさまざまな研究を報告しています。Hadley ら（2018）は、単語から語連鎖をし始めた子どもたちの発話が、「単に語を並べただけ」なのか「文法的な構造を内包しているのか」を区別して評価するべきだと提唱しています。語連鎖が出始める2歳前後の子どもの発話は大きく2つに分けることができます。1つは「丸暗記による文の再生（direct activation）」、もう1つは「自発的な文の構築（grammatical encoding）」です。前者の「丸暗記による文の再生」は、主に発達初期に見られる発話で、子どもが普段の生活でよく耳にする文を「丸暗記」してそのまま表出する方法です。これは見かけ上2〜3語文を上手にしゃべっているように感じられるため、子どもの言語発達を過大評価する要因となります。一方、後者の「自発的な文の構築」は、子どもが経験した、発見した、考えた新しい情報を「誰かと共有したい」という想いをもとに表出されます。そのため、子どもが普段耳にしたことのない文（まわりの大人が言ったことのない文）を自分でことばとことばを組み合わせて新しく創り出しま

す。そのため、文のレパートリー（ことばとことばの組み合わせのレパートリー）が多岐にわたります。Rispoli ら（2008）によれば、「自発的な文の構築」は定型発達では 22 ～ 33 か月の間に出始め、子どもの本当の言語能力を反映するそうです。

　つまり、2 歳前後の子どもの保護者が「2 語文が出てきました」という報告をしてくれた時に、それが単純な「丸暗記」でしかなく決まったレパートリーの文に限られているのか、子どもが自分でいろいろな文を作り出し、多彩なレパートリーに広がっているのかを、しっかり確認する必要があります。2 語文が出始めのころは、どのお子さんも「丸暗記による文の再生」を使用しますので問題はありませんが、いつまでも「丸暗記の文」ばかりでレパートリーが増えない場合は、言語発達障害のリスクが高いということになります。

(2)「自発的な文構築」を見つけ出す――文の多様性による評価

　「丸暗記による文の再生」は、子どもの日常生活で、何度も耳にする文をそのまま表出するため、限られた語彙の組み合わせで文が構成されます。一方、「自発的な文の構築」ではさまざまな出来事について、子どもが自分で語彙を組み合わせて新しく文を創り出して表現するため、使用される単語と単語の組み合わせは多岐にわたり、その組み合わせ数が多くなります。このことを利用して子どもの初期の文法発達を評価し、言語発達障害を早期発見しようする方法が、「文の多様性による評価」です。

(3) アメリカでの「文の多様性（sentence diversity）による評価」研究

　「文の多様性（sentence diversity）による評価（以下、文多様性評価）」はHadley らがアメリカで開発したものなので、もともとは英語を母語とする子どもたちの評価法です。英語の場合、文の基本構造は「主語（subject）＋動詞（verb）」となるため、異なる主語と動詞の組み合わせ数のバリエーションの多さで評価を行います。

　文多様性評価は、30 分間の親子の自由遊び場面を観察して、子どもの自発的な発話を記録します。次に、あらかじめ決められた基準を使って「文」を抜き出します。英語の場合は、『主語と動詞から構成されている』『be 動詞は除

く』『命令文は除く（主語がないため）』などの基準が決められており、上記に
合致したものを「文」と判定します。取り出された文から、主語と動詞の異な
る組み合わせの数をカウントします。

　この方法であれば、子どもの全ての発話を記録する必要はなく、子どもから
自発的に表出された文だけを記録して検討すればよいため、比較的簡便です。
対象としているのは語連鎖を表出し始めた子どもたちですから、そこまでペラ
ペラとたくさんの文を話すわけではありません。子どもの遊び方、保護者の関
わり方など、全体的な発達や親子関係の評価と同時並行で進めることも可能で
す。

　Hadley ら（2018）は文多様性評価の妥当性を検討するため、2 歳 6 か月の
定型発達児 40 名の発話を調べ、① 30 分間の全ての発話の数、②語彙のレパー
トリー（異なり語彙数）、③文の長さ（形態素による平均発話長）④言語検査
の結果、そして⑤「文の多様性」を算出して、比較分析を行いました。その結
果、「文の多様性」が「語彙のレパートリー」「文の長さ」「言語検査の結果」
と相関していることがわかりました。つまり、「文の多様性」が早期の文法発
達を反映していることを明らかにしたのです。

　Hadley らは、2 歳 6 か月の「文の多様性」の平均値を 28.23 ± 13.48 と算出
しました。この結果を用いて、2 歳 6 か月で言語発達障害のリスクがあるかど
うかを判断する基準値を作成し、文の多様性が 10 以下の子どもは、リスクが
高いと判断して、より丁寧な支援を検討することを提案しています。

（4）日本語における「文の多様性による評価」の検討

　では、日本語で「文の多様性による評価」を行うにはどうしたらよいでしょ
うか？

　英語と日本語では言語の構造に大きな違いがあるため、アメリカで開発され
た方法をそのまま使うわけにはいきません。筆者らが所属する日本コミュニケー
ション障害学会言語発達障害研究分科会では、文多様性評価を日本で応用す
る方法を検討しています。

　英語では、文の基本構造は「主語＋動詞」です。しかし、日本語の場合は異
なります。日本語の文の基本構造は「補足語＋述語」です。ここで、読者の皆

さんは「日本語の基本は『主語＋述語』じゃないの？」と疑問に思われるかも
しれません。

　ここで少々話を脇道に逸らして、「日本語の文法」の話をしなくてはなりま
せん。

　実は、我々が学校で習う「文法」は「国語文法（国文法）」という枠組みで
解釈された文法です。これは、すでに日本語を母国語として習得している人
（つまり日本人）向けの文法解釈です。「国語文法」の枠組みでは、文の基本構
造は「主語＋述語」と説明されます。一方、「国語文法」とは別に、「日本語文
法」という文法解釈の枠組みが存在します。これは、外国語が母語でこれから
日本語を学ぶ人や、外国語と日本語を比較する時に用いられる文法解釈です。
島守（2002）は、「国文法が日本語を内から眺めているとすると、日本語文法
はある程度距離を置いて外から日本語を観察していると言える」と説明してい
ます。日本語習得の途上にある幼児や言語発達障害児の言語を分析し、また、
海外の研究との比較を行うには、日本語文法による解釈が適しているのではな
いかと考え、私たちは文の基本構造を日本語文法の枠組みで捉えて評価方法を
検討しています。

　さて、本題に戻ります。

　この「日本語文法」の枠組みでは、文の基本構造は「補足語＋述語」と説明
されます。「補足語」というのは、述語があらわす意味を補う働きをする「花
子が」「荷物を」などといった文法的要素のことです[2]。つまり日本語文法で
は、必ずしも「主語」は必要ないということになります。

　一方、述語は状態を表す「状態述語」と動きを表す「動態述語」に大別され
ます。日本語の文は述語の品詞によって名詞文、形容詞文、動詞文の3つに分
類され、さらに、動詞文は動詞の働きにより、状態動詞文と動態動詞文の2つ
に分類できます。名詞文、形容詞文、状態動詞文は状態述語文、動態動詞文は
動態述語文として区別されます（図4-3）。

2　「補足語」は研究者によって「補足語」「補語」「成分」「項」などと表記されます。本書では、益
　岡・田窪（1992）に従い、「補足語」を用いています。

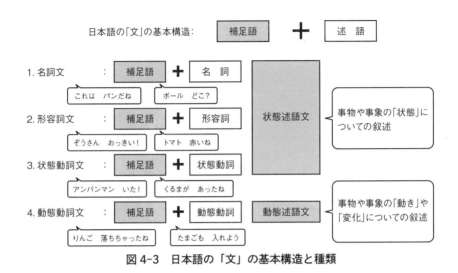

図 4-3　日本語の「文」の基本構造と種類

　ただし、保護者に説明するときに「補足語」という用語を使ってもわかりづらいと思います。「補足語」の中心になるのは主に「名詞」ですから、これ以降、便宜的に「名詞」＋「述語」（「名詞」＋「動態動詞」など）として説明を進めていきます。

　日本の幼児の文法発達に関するこれまでの研究で、動詞の習得が文法発達と密接に結びついていることは以前から指摘されてきました。また、Hadley らのもともとの英語での研究で、文多様性評価の際に be 動詞を除外し、一般動詞を分析対象としていることと照らし合わせると、日本語では動態動詞文における補足語（名詞）と動態動詞のコンビネーションを数える方法で文法発達を評価できるのではないかと仮説を立てました。

　しかし、これは仮説ですので、本当に「補足語（名詞）＋動態動詞」が日本の子どもたちの文法発達を反映するのか、確かめる必要があります。

(5) 日本の子どもたちの「文の多様性」

　そこで、私たちは 2 歳 6 か月の日本の子どもたちに対して、Hadley らの研究と同様の調査を実施しました。[3]

　埼玉県、千葉県、大阪府の 3 府県で SNS や子育て支援サイトなどを通して

協力してくれる親子を募集し、Hadley らの研究と同様、30 分間親子で遊んでもらって発話を録画および録音しました。また、子どもに対して知能や言語を調べる検査を実施し、保護者には質問紙で子どもの言語発達について記入してもらいました。

　調査には 40 名の親子が参加し、多言語で養育されているお子さんなど 2 名を除外した 38 名のデータを分析することができました。

　その結果、子どもの「名詞＋動態動詞」のコンビネーション数（＝日本語版文の多様性）と、文の長さ（平均発話長）および文の表出数に強い関連があることがわかりました。また、保護者に質問紙で回答してもらった語彙の表出数、助詞や助動詞の表出数と文の多様性との関連が認められました。このことから、日本語では、名詞と動態動詞の組み合わせ数で子どもの文法発達を評価することができると確認することができました。

　さらに、知能検査で言語に関する得点が一定の基準値以上だった 36 名を定型発達児として分析を行ったところ、日本語を母語とする子どもたちにおける 2 歳 6 か月児の文の多様性の平均値は 20.1 ± 9.4 となりました。この結果を用いて、言語発達障害のリスクを検出する基準値（－1.25 標準偏差でのカットオフ値）を求めると、2 歳 6 か月では文の多様性が 8 語以下の場合は、より丁寧な評価および予防的介入を始めていく必要があると考えられます。

　ただし、上記の値は男の子と女の子の結果を平均した値です。実は、今回の調査で「文の多様性」は男女で大きな差があることも明らかになりました。表4-4 からわかるように、文の多様性の平均値は男女で大きな差がありました。興味深いのは、男女の知能指数（WPPSI-Ⅲ）の結果には大きな差はないのに、文の多様性の数値は大きく異なったという点です。よく言われる「男の子はことばがゆっくり」という傾向が文多様性の見地からも明らかになりました。

　上記のカットオフ値を男女別に算出すると、2 歳 6 か月の文の多様性スコアが、男児は 6 以下、女児は 13 以下の場合は、より丁寧な支援の検討が必要と

3　この調査はニッセイ財団の「児童・少年の健全育成実践的研究助成」より助成を受けて実施しました

表 4-4　2 歳 6 か月児の 30 分間の文の多様性と検査結果

		男児 (n=18)	SD	女児 (n=18)	SD
WPPSI-Ⅲ	FSIQ	102.56	19.96	104.28	10.81
MCDI	表出語彙数	410.56	119.56	480.00	106.79
MLUm		2.54	0.45	2.95	0.50
総発話数		111.28	32.29	136.67	35.69
文表出数		29.67	11.72	48.50	21.11
文の多様性		15.50	7.24	24.61	9.10
カットオフ値 (−1.25SD)		6.45		13.23	

＊1　WPPSI-Ⅲ FSIQ　知能検査(ウィプシィ・サード)における知能指数
＊2　MCDI　日本語マッカーサー乳幼児言語発達検査
＊3　MLUm　形態素平均発話長　子どもの文の長さの平均を示す

いうことになります。

　第 2 節でも述べましたが、この文多様性評価は、判断基準の 1 つでしかありません。この評価法で子どもの発達が全てわかるわけではありませんので、適切な発達検査や知能検査、言語検査などと合わせて総合的に子どもの状態を評価することが必要です。ただし、かしこまって「検査」をする前のスクリーニングとして、遊び場面の観察から大まかな子どもの言語発達を評価できるのはこの評価法の良いところと考えます。

　「ことばの遅れ」で相談にきているお子さんを想定していますので、「名詞」＋「動態動詞」の組み合わせでの表出は、それほど多いわけではありません。

　親子での遊び場面の観察では、保護者の関わり方、子どもの遊び方、コミュニケーションのとり方など、大まかな全体的発達や社会性発達も評価しながら、時々表出される「名詞」＋「動詞」の組み合わせを記録していくことができます。

　難しいようでしたら、言語聴覚士に評価を依頼すること、さらに多くの情報を収集できるかもしれません。

5 「トイトーク」によることばかけ指導

(1) 言語発達にリスクを抱える子に対する「ことばかけ」指導

　「ことばがゆっくり発達している」「文多様性評価で基準値よりも下回った」お子さんに対しては、どのような支援を行ったらよいでしょうか？

　1つの提案としては、言語聴覚士による丁寧な経過観察です。もし、近くに子どもの支援を専門とした言語聴覚士がいれば、紹介して丁寧な経過観察もしくは早期指導を開始できると安心です。しかし、地域によっては、身近に言語聴覚士がいなかったり、クリニックや病院を受診しないと言語聴覚士に会えない場合も多いかもしれません。また、保護者の中には、病院に受診することへの抵抗が強い方もいらっしゃいますし、医療機関もまだまだ「2語文が出ていれば大丈夫」と数回の受診で終了してしまうところも少なくありません。

　保護者は「家庭ですぐにできることはないか」という情報を求めていることが多いものです。日常的に簡単に取り組める方法を保護者に紹介し、様子を見ることも一案かもしれません。そのための1つの方法として、保護者の「ことばかけ」に対する指導として「トイトーク」を紹介しました。ここでは、「トイトーク」の理論的背景を概観します。

(2) 保護者のことばかけと言語発達

　保護者のことばかけが子どもの言語発達に影響を与えることは、多くの研究（Goodman et al., 2008; Imai et al, 2008; 小椋ら, 2019 など）によって明らかにされています。従来から、子どもの語彙の獲得が保護者のことばかけに大きく依存することはわかっていましたが、近年、語連鎖期以降の文法獲得についても、保護者のことばかけに影響を受けることが明らかにされつつあります。

　Legate & Yang（2007）は、子どもが文法形態素[4]を獲得するには、形態素が明白に表示された文のことばかけの頻度が重要であると指摘しました。Hadleyら（2011）は、英語を母語とする21か月の子どもたちと保護者を調査し、保護者が文法形態素を明白にしたことばかけをした方が、30か月時の子

どもの文法形態素表出が多いことを明らかにしました。また、Plante ら（2014）は、言語発達障害幼児を対象とした実験的臨床研究から、子どもに文法構造を習得させるには、多様な動詞を用いてその構造を聞かせることが有効であると結論しました。日本でも大伴ら（2015）が、子どもの動詞語尾形態素の獲得順序が母親の形態素使用頻度と相関することを報告しています。また、久永ら（2016）、は、母親のことばかけと 2 歳 5 か月時の子どもの最大発話長に相関が見られたと述べています。

　このように、子どもの文の発達は、保護者のことばかけに少なからず影響を受けているようです。しかし、どの時期に、どのようなことばかけをするとよいのかは、まだ明らかになっていない部分が多くあります。

(3)「トイトーク（Toy Talk）」とは？

　この中で、「文多様性評価」で何度も出てきた Hadley と Rispoli らの研究グループは、文法形態素が出現する以前の子どもの早期の文法発達において、文の基本構造（英語では主語＋動詞）の理解が後の文法発達に寄与すると主張しました。

　また、Rispoli（2019）は、単語期から語連鎖期に入った子どもの早期文法発達を First Phase Syntax（FPS）という枠組み（Ramchand, 2008）で捉えることを提唱しています。FPS では、時制（-ed）や人称格（-s）といった文法形態素についてではなく、子どもが語と語の組み合わせによって事象をどのように叙述しようとしているかに注目します。例えば、FPS では事象の「状態」の叙述よりも、「開始⇒プロセス⇒結果」という系列的な変化を含む叙述の方が文構造としてより高度であると捉えます。具体的には、同じ 4 語の文でも "The cup is empty" は「コップが空っぽだ」という状態の記述であるのに対し "Mom emptied the cup" は「ママが（飲み物で満たされていた）コップを空にした」という系列的な変化についての叙述となり、文法発達上より高度

4　英語の場合、3 人称単数系の -s や過去形の -ed、進行形の -ing など。日本語の場合は、助詞や述語について変化する接尾辞（たべ - た、たべ - たい、たべ - ない、たべ - ようなど）がこれにあたります。

であると説明されます。Hadley と Rispoli らの研究グループは、子どもの早期文法発達を文法形態素の有無、つまり –s や –ed がついているかどうかという視点ではなく、文の基礎構造の視点で捉え、ことばかけに応用することを提唱しました。こうした考え方から生まれたのが、トイトーク（Toy Talk）です。トイトークは、単語期から語連鎖期に入った子どもの保護者に対する指導法です。どのような方法かというと、（もともとの英語版では）以下の2つの指導を保護者に行います

　①子どもが遊んでいる玩具について話しましょう
　②その玩具の名前を明示しましょう

　上記2つの方略を保護者に習得してもらい、子どもの発話や行動に対して応答的にことばをかけるよう指導します。
　では、なぜこの2つが重要なのでしょうか？
　前節でも説明しましたが、英語における文の基本構造は主語＋動詞です。Hadley らは、子どもの文表出に多様な組み合わせの主語＋動詞構造が出現することが大人の文表出に近づく過程であるとしています。そこで、大人がなるべく多様な主語＋動詞の組み合わせでことばかけをすることが、子どもの主語と動詞の関係性についての理解を深め、文表出の発達に良い影響を与えると考えました。しかし、英語を話す大人のことばかけを調べてみると、代名詞を主語としたことばかけが多いことがわかりました。普通名詞に比べて、代名詞の数には限りがありますので、代名詞によることばかけが多くなると、子どもが耳にする主語と動詞の組み合わせの数が少なくなることになります。そこでトイトークでは、保護者に玩具の名前を明示させることで代名詞ではなく普通名詞が主語となる文を増やします。このことにより子どもが耳にする主語と動詞の組み合わせ数を増やすことを目指しているのです。Hadley らは 40 組の定型発達母子に対する研究を行い、トイトークの指導により保護者のことばかけに普通名詞が主語となる文が増加したこと、トイトーク指導をした保護者の子どもの方が初期の文法発達が促進されたことを明らかにしました。
　Hadley らによれば、トイトークは親子の相互的なコミュニケーションの中で

使用されることを意図して作られたものであり、子どもの注意に寄り添い、子どもの発信や行動に対して応答的にことばかけを行う、とされています。つまり、大人の関わりが応答的かつ共感的であることが前提とされる方法なのです。

　トイトークは定型発達児を対象として効果が検証されたものですが、Leorard & Deevy（2017）は、トイトークを「必要な文法情報を明確に伝えることばかけ（input informativeness approach）」であるとし、言語発達障害児の指導にも応用できる可能性を指摘しています。

（4）日本における「ことばかけ」指導

　日本でも従来から、言語発達初期の子どもや言語発達障害がある子どもへのことばのかけ方について、「ことばのお風呂につける」「簡単なことばで」などさまざまな助言がなされてきました。その中で、前述したインリアルアプローチが比較的系統的な保護者によることばかけを提案しています。例えば、子どもからの表現に対して大人が言語心理学的技法を使って応じるよう保護者への指導が行われます。

　この中で、語連鎖期以降の子どもに対してはエキスパンション（拡張模倣）という方法が提案されていますが、どのような文をことばかけするかについては、「名詞＋オノマトペ」「形容詞＋名詞」「名詞＋動詞」など、いくつかの例が提示されているのみで言語学的な分析に基づく体系化は行われていません。インリアルの開発者の1人である竹田（1994）も、文法獲得期の子どもに対するインリアルの効果については、検証が必要であるとしています。ここに日本語版トイトークを検討する必要性があるのです。

（5）日本語版トイトーク開発の取り組み

　筆者らは、日本語版トイトークの試案開発に取り組んできました（遠藤・田中, 2022）。Hadleyらの報告は英語話者を対象とした研究であるため、言語の構造が異なる日本語でトイトークを応用するためには指導方法の検討が必要です。

　前節で、日本語の基本構造は「補足語（名詞）＋述語」であると述べました。さらに、子どもの文の発達を評価するために、「名詞＋動態動詞」に着目

することが有用であるとも説明しました。日本語版トイトークでも、この考え方を基本としています。

　日本語の言語発達に関するこれまでの研究でも、文法発達における動詞の重要性は指摘されてきました（天野, 1977；小椋, 2007 など）。小椋（2007）は、2名の子どもの縦断データから、子どもの発話に文法が出現してくると表出語彙が動詞優位に変化することを報告しています。また、前述のFPSで重要視される「系列的な事象の変化についての叙述」は、日本語では動態動詞文で表現されます。

　保護者が多くの動態動詞文でことばかけをすることは、子どもが身の回りの事象の系列的変化に気づくことを促し、また、それを表現することばのモデルをより多く耳にすることになります。また、前述したPlante ら（2014）や大伴ら（2015）の知見では、子どもが特定の文法要素を学習するには、より高頻度に、多くの述語と結びつけてことばかけされることが効果的とされています。日本語では、名詞、形容詞よりも多様な活用をする動詞の方が多くの文法形態素と結合します。さらに、状態動詞文よりも動態動詞文の方が多様な語彙が存在します。

　こういった知見から、日本語では保護者のことばかけに動態動詞文の頻度を増やし、「名詞」＋「動態動詞」の異なるバリエーション、すなわち保護者のことばかけの「文の多様性」を増やすことが、語連鎖をし始めた子どもの文法発達を促すのではないかと考えました。これをもとに、日本語版トイトークでは保護者に対して、以下の2つを指導することとしました。

①子どもが遊んでいる玩具（対象）
　について話しましょう
②その動きについて話しましょう

　前述のように、日本語の文の基本構造は「名詞＋述語」です。ですから、保護者に指導する動態動詞文は「犬が歩いているね」といった『主

語（動作主）＋動詞』という構造だけでなく、「ご飯を食べているね」といった『目的語（対象）＋動詞』や「ボールで遊ぼう」など『手段（対象）＋動詞』などといった文構造も含みます。

（6）日本語版トイトークによる指導

　筆者らは、日本語版トイトークの効果を確かめるために、実際に「ことばの遅れ」を心配する保護者に試行的に指導を実施しました。ここでは、トイトーク指導とそれによる保護者やお子さんの変化を見てみましょう。なお、紹介する事例は実際の事例をもとにしていますが、個人情報保護のため一部脚色を加えています。

1）事例1：Nくん　2歳2か月
　Nくんは2歳2か月の男の子です。上に4歳になるお兄ちゃんがいます。1歳に歩き出し、ニコニコとお兄ちゃんや大人と遊ぶのが大好きな子でしたが、ことばが出るのが遅く、1歳半健診では意味のあることばをまだ話していなかったため、両親はことばの発達を気にしていました。2歳になる1〜2か月前からポツポツと単語を話すようになり、言える単語が少しずつ増えてきました。2歳1か月ころから時々、決まったフレーズ「あんぱん、あった」「にーに、ない」を言うようになりましたが、お兄ちゃんが2歳のころと比べて明らかに表現が少ないため、両親は心配して相談につながりました。
　相談を受けたSTは、Nくんとお母さんに自由に遊んでもらい、その様子を30分間観察しました。
　Nくんは確かに言語表出が少なく、観察場面では単語での表出のみでした。しかし、遊び方はお母さんと上手におままごとで遊び、理解力も悪くなさそうです。また、お母さんはNくんに対して応答的、共感的に関わっており、とても上手にことばを促しています。1つ気になるのは「ハンバーグだ！」「それはトマトだね」など、名詞句や名詞文でのことばかけが多いことでした。
　STはお母さんにトイトークを紹介し、実際にお母さんの目の前で子どもと遊んで見せ、ことばかけのモデルを見せました。お母さんは「どうすればいいかわかりました。やってみます」と帰宅しました。

1か月後、再度来室した際、お母さんから「少しずつ文で話し始めました」と報告がありました。トイトークの家庭での取り組みについてお母さんに尋ねると、「最初は難しかったけれど、慣れてくると自然に動きを表す文が出てくるようになりました」と答えました。初回観察時に親子遊びの場面を録音録画させてもらっていましたので、1か月後にも同じ部屋、同じおもちゃで30分間遊んでもらい、やはり録音録画をしてお母さんのことばかけについて、100発話あたりの文の多様性を調べてみました[5]。

すると、お母さんのことばかけにおける「文の多様性」が約2倍（100発話あたり12.8→26.1）になっていたことがわかりました。さらに3か月後、同様の条件で遊んでもらうと、やはりお母さんの文の多様性はトイトークを始める前より高い水準を保っていました（図4-4）。

しかし、これだけでは、Nくんのお母さんの100発話あたりの文の多様性が、多いのか少ないのかわかりません。そこで、順調にことばが伸びている2歳0か月児の母親5名に協力してもらい、30分間のことばかけにおける文の多様性の平均を調べてみました。すると、5名の母親の100発話あたりの文の

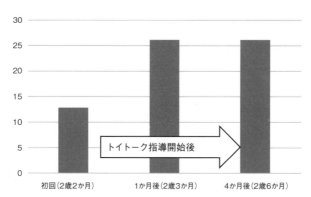

図4-4　Nくんの母親の100発話あたりの文の多様性

5　大人のことばかけ（発話数）は子どもに比べて多く、状況により、例えばおままごと遊びなのか、ブロック遊びなのかなどによって大きく異なります。子どもと違い「たくさん話せるけれど、場面によって調整している」のです。よって、単純に文の多様性の数だけを数えようとすると観察時間の総発話数に影響されてしまうため、100発話あたりの文の多様性の数で比較します。

多様性平均値は、18.2 ± 2.6 であることがわかりました。これを、先ほどの N
君の母親のグラフに加えてみます。すると、N 君の母親の文の多様性がトイト
ーク後に、平均以上の水準に増加したことがわかります（図 4-5）。

　一方、N くんのことばの発達を見てみると、トイトークを始める前は観察場
面で動態動詞文は全く見られませんでした。しかし、1 か月後には文の多様性
スコア 2、さらに 3 か月後の 2 歳 6 か月時には文多様性スコア 8 と増加が見ら
れました（図 4-6）。

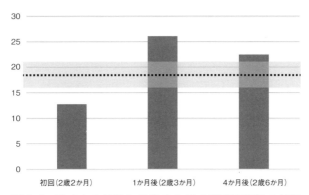

**図 4-5　N くんの母親と 2 歳 0 か月の定型発達児の母親
　　　　 5 名の文の多様性の比較**

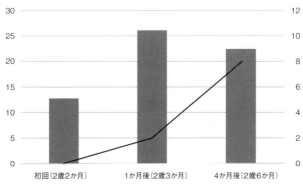

図 4-6　N くんの文の多様性スコアの変化
左側の値が、母親の 100 発話あたりの文の多様性、右側の値と折線が N
くんの文の多様性

その後Ｎくんは順調に文表出が増え、3歳になるころにはことばでのやりとりが上手にできるようになりました。

2）事例2：Ｏちゃん　2歳1か月
　Ｏちゃんは活発な2歳1か月の女の子です。歩き出すのは早く、ことばや身の回りのこともよく理解しているようですが、1歳半ころに「まま」というようになった後、ほとんどことばが増えませんでした。お母さんは周りの同年齢の女の子がペラペラ喋っているのを見てとても心配になり、言語聴覚士に相談をしました。
　ＳＴが30分間親子遊びを観察したところ、Ｏちゃんは楽しそうにお人形遊びやおままごとをしており、知的な遅れや発達障害の傾向はなさそうです。しかし、表出は少なく、単語での発話のみでした。
　お母さんはとても一生懸命にＯちゃんにことばかけをしています。「ほらこれはなーに？」「りんごだよ、りんご」「言ってみようか、り、ん、ご」「これなんだっけ？」「Ｏちゃんの好きなイチゴだよ！」など、とてもたくさんのことばをかけていますが、どちらかというとお母さんのペースで、お母さんが教えたいこと、覚えてほしいことを一生懸命伝えているようです。応答的、共感的というよりは、一方的、指示的な印象です。ただ、これは関わり方が下手ということではなく、Ｏちゃんのことばの遅さを心配して、お母さんが一生懸命になっている結果だと、ＳＴは解釈しました。
　ＳＴはお母さんに、ただたくさんことばをかければいいわけではないこと、応答的、共感的にことばかけをすることが重要であることを説明しました。実際に子どもと遊んで見せて、Ｏちゃんから始まる行動や表出を待ち、それに応じてことばをかけていくようお母さんに助言しました。2か月後、同じ部屋でＯちゃんとお母さんに遊んでもらうと、お母さんのことばかけはずいぶん応答的、共感的になってきています。分析してみると、お母さんの文の多様性が少し増えていることがわかりました。Ｏちゃんもポツポツとことばとことばをつなげるようになってきたそうです。
　そこでＳＴは、Ｏちゃんのお母さんにトイトークについての助言を行い、やはりことばかけのモデルを見せながら説明しました。

　さらに2か月後、Oちゃんとお母さんの遊び場面を分析してみると、お母さんの文の多様性はさらに増加していることがわかりました（図4-7）。定型発達の母親5名の平均と比較しても、トイトーク指導後は文の多様性が多くなっていることがわかります。

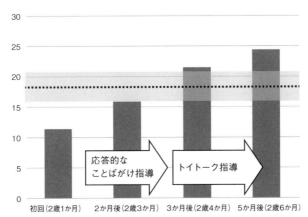

図4-7　Oちゃんの母親の100発話あたりの文の多様性
点線は2歳0か月の定型発達児の母親5名の文の多様性平均値

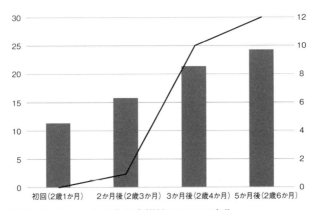

図4-8　Oちゃんの文の多様性スコアの変化
左側の値が母親の100発話あたりの文の多様性、右側の値と折線がOちゃんの文の多様性

そして、Oちゃんの文でのおしゃべりも増加し、文の多様性も順調に増えていきました（図4-8）。Oちゃんが2歳6か月のとき、母親は「いろいろなことを文で話してくれます。うるさいくらいです」とSTに報告しました。

ここに挙げたのは、2人の子どもの例に過ぎませんので、この2組の親子の経過をもってトイトークの効果を実証できるわけではありません。母親の発話が変化したのは間違いないと思われますが、子どもへの影響はさらに研究が必要です。Nくん、Oちゃんがこのタイミングで「たまたま、自然に」文の発達が伸びた可能性を否定できないからです。

しかし、「ことばの遅れ」を心配している保護者にとって、「具体的に取り組めることがある」ということは、それだけでも子育てに前向きになれるものです。

LTを疑う保護者からの相談に対して、ただ「様子を見ましょう」だけでなく、子どものことばの発達段階に応じて、今できることを助言しながら、保護者を安心させて励ましながら、一緒に経過を丁寧に見ていくことが重要です。

文献

天野清（1977）．幼児の文法能力．国立国語研究所報告，58.

遠藤俊介・田中裕美子（2022）．日本語版トイトーク（Toy Talk）による保護者指導の効果—保護者の言葉かけの変化と子どもの文の発達に関する予備的研究—．コミュニケーション障害学，39，131-142.

遠城寺宗徳（2009）．遠城寺式乳幼児分析的発達発達検査法．九州大学小児科改訂新装版．慶應義塾大学出版会.

Goodman, J. C., Dale, P. S., & Li, P.(2008). Dose frequency count? parental input and the acquisition of vocabulary. J child lang, 35, 515-531.

Hadley, P. A, McKenna, M. M., & Rispoli, M. (2018). Sentence diversity in early language development: Recommendations for target selection and progress monitoring. American Journal of Speech-Language Pathology. 1-13.

Hadley, P. A., Rispoli, M., Fitzgerald, C. et al.(2011). Predictors of morphosyntactic growth in typically developing toddlers: contribution of parent input and child sex. J Speech Lang Hear Res, 54, 549-566.

久永聡子・土居裕和・黒田佳織他（2016）．マザリーズによる乳幼児の言語発達促進効果に関する縦断的研究．発達研究，30，117-122.

Imai, M., Kita, S., Nagumo, M. et al.(2008). Sound symbolism facilitates early verb learning. Cognition, 109(1); 54-65

稲田尚子・神尾陽子（2008）．自閉症スペクトラム障害の早期診断へのM-CHATの活用．小

児科臨床 61, 2435-2439

Legate, J., & Yang, C.(2007). Morphosyntactic learning and the development of tense. Language Acquisition, 14, 315–344.

Leorard, L. B., & Deevy, P.(2017). The changing view of input in the treatment of children with grammatical deficits. American Journal of Speech-Language Pathology, 26, 1030–1041.

益岡隆志・田窪行則(1992). 基礎日本語文法—改訂版. くろしお出版.

Megan, Y. R., Philip, R. C., Bailey, J. S. et al.(2019). Association of parent training with child language development a systematic review and meta-analysis. JAMA Pediatrics. 173 (7), 671-680.

三宅和夫(監修)　大村政夫・高嶋正士・山内茂・橋本泰子(編)(1991). KIDS 乳幼児発達スケール手引き, 発達科学研究教育センター.

小椋たみ子(2007). 日本の子どもの初期の語彙発達. 言語研究, 132, 29-53.

小椋たみ子・増田珠巳・浜辺直子他(2019). 日本人母親の対乳児発話の語彙特徴と子どもの言語発達. 発達心理学研究, 30(3), 153-165.

大伴潔・宮田Susanne・白井恭弘(2015). 動詞の語尾形態素の獲得過程：獲得の順序性と母親からの言語的入力との関連性. 発達心理学研究, 26(3), 197-209.

Plante, E., Ogilvie, T., Vance, R. et al.(2014). Variability in the language input to children enhances learning in a treatment context. Am J Speech Lang Patho, 23, 530-545.

Ramchand, G.(2008). Verb meaning and the lexicon: a first phase syntax. Cambridge, England. Cambridge University Press, Cambridge.

Rispoli, M. (2019). The sequential unfolding of first phase syntax: tutorial and applications to development. J Speech Lang Hear Res, 62, 693-705.

Rispoli, M., Hadley, P., & Holt, J.(2008). Stalls and revisions: A developmental perspective on sentence production. Journal of Speech, Language, and Hearing Research. 51, 953-966.

Robins, D. L., Fein, D., Barton, M. L., & Green, J. A.(2001). The modified checklist for autism in toddlers: An initial study investigating the early detection of autism and pervasive developmental disorders. Journal of Autism and Developmental Disorders, 31 (2).

島守玲子(2002). 講演：国文法と日本語文法. フランス日本語教育1. フランス日本語教師会. 157-167.

竹田契一(1994). 10年目を迎えたINREAL—INREALの導入から現在まで. 特殊教育学研究, 31(4), 59-63.

竹田契一・里見恵子(1994). インリアル・アプローチ—子どもとの豊かなコミュニケーションを築く. 日本文化科学社.

津守真・稲毛教子(1995). 増補 乳幼児精神発達診断法0才〜3才まで. 大日本図書.

ICD（疾病及び関連保健問題の国際統計分類）11 と LT

　LT は医学的診断用語ではありませんが、発達性言語症（Developmental Language Disorder: DLD、言語発達障害）になるリスクが高いことから、2018 年 WHO により改訂された医学的診断のための基準を示す ICD（疾病及び関連保健問題の国際統計分類）11 について見ておきます。まず、ICD11 には、言語能力が生活年齢から期待されるレベルより著しく低い場合を DLD と判断するとありますが、具体的にはどの程度低い場合かは明らかではありません。また、ことばの遅れ、言語発達障害、他の発達障害に伴う言語の問題との違いをいつどのように判断するのかついても定かではありません。そのため、図を作成し、さまざまな臨床的判断をいつどのような言語症状で判断できるか、鑑別診断に何が必要かを示しました。この図にあるように、2 歳までに単語もしくは単語らしきものがない、または、単語が増えないなど、「ことばの発達に遅れ」がある場合、まず、聴力や非言語性知能の評価が必要になります。その結果、聴覚障害や知的遅れ、社会性の問題がないのに、語彙が 50 語以下、2 語文が認められない 2 歳児（20 〜 39 か月）の場合を LT と捉えます。その時点で聴覚障害、知的障害、社会的コミュニケーションの障害（ASD）などがあれば、その障害特有の言語の問題があることが予測されます。また、2 〜 3 歳の LT は言語発達障害ではありませんが、3 歳〜 4 歳台まで継続する場合、SLI または DLD である可能性があると判断します。SLI と DLD との判別は、前者は動作性知能が 85 以上ですが、DLD は動作性知能の程度を含めていません。そして、4 歳以降の SLI/DLD の有無の判断は、単に「ことばを話す」かどうかではなく、SLI のように文レベルで話しているのに文法障害がある、言語理解が弱く、言語指示が入らない、人にわかるように説明できないなど、日常のコミュニケーションに支障があるかどうかを超え、言語の構成要素（音韻、意味、文法、ナラティブなど）にさまざまな言語症状が認められるため、言語課題を実施して、語彙や文レ

ベルの言語能力の評価が必要となります。

　欧米の追跡調査によると、日本での3歳児健診で「ことばの遅れ」が指摘された子どもは3歳までに追いつかなかったLT児（LT 2歳児の25%）や他の発達障害に伴うことばの遅れの可能性が高いため、発達健診でことばの発達が遅い乳幼児に対して「ことばは遅いが、理解は良いから大丈夫」「言語能力は低いが、知的には低くないからそのうち追いつく」「経験が乏しいだけで、集団に入ると必要に迫られてしゃべるようになる」などの判断は適切ではなく、少なくとも就学前後までの言語発達の経過観察が必要といえます。

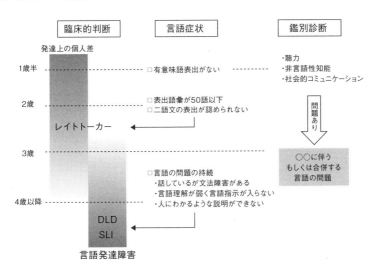

文献
6A01 Developmental speech or language disorder. (2022). ICD11 for Mortality and Morbidity Statistics (2022). https://icd.who.int/browse11/l-m/en#/http%3a%2f%2fid.who.int%2ficd%2fentity%2f33269655

（田中裕美子）

第 **5** 章

LT 児の将来のリスク

田中裕美子

1 LT の言語の問題——量的か質的か

　LT 研究の先駆者である Rescorla ら（1997, 2000, 2005, 2009）は、LT 児や定型発達（TD）児グループを 2 歳から中学生や高校生になるまで追跡し、言語や読みなどの発達やつまずきについて調べました。具体的には、子どもたちが 3 歳、4 歳、6 歳、13 歳、17 歳になった時点でさまざまな標準化検査や課題を実施して成績を 2 群で比較しました。その結果、LT 児のほとんどが幼児期に追いつき、学童期や青年期での言語や読みの検査成績が平均内に入ることがわかりました。しかし、TD 群に比べると検査成績が低いことも明らかになりました。例えば、6 ～ 7 歳になると言語成績は平均内ですが、文法や言語記憶が苦手でした。また、15 歳でも言語成績は平均内ですが、話のストーリーを覚えておくのが苦手などの特性が見られまた。全体として LT 児が継続して弱いところは、聞いて理解する力、ことばを想起する力、語音を弁別する力、文法規則を習得する力などで、決して言語の弱さが解消するとはいえません。しかし、Rescorla らは、LT 児は低いながらも平均内の成績を収めることから TD 児と質的に異なっているわけではなく、常に定型言語発達の線上の低い位置にあり、障害というより言語が弱いと捉えるべきであると判断しました。つまり、LT 児と TD 児の違いは量的なものであるため、早期に LT 児を発見し、言語指導をしても後の言語発達障害、特異的言語発達障害の予防にはならないとまで言及しています（コラム 2 参照）。

　しかし、近年、LT 児の表出語彙の問題は量的に少ないことだけではなく、TD 児の語彙と質的に違うという結果が示されるようになりました。Jimenez

ら（2020）は、ASD 児、LT 児、TD 児の 3 つのグループの子どもたちの表出
語彙に認められる意味や文法的特性を比較し、LT 児や ASD 児のことばの習
得または遅れは定型発達と同じかどうかを検討しました。まず、各グループの
平均表出語彙数ですが、ASD 児（約 3 歳 118 名）は 74.9 語、TD 児（約 1 歳
半 4142 名）は 72.7 語、LT 児（約 22 か月 484 名）は 43.1 語でした。このよう
に最も年齢が高い ASD 児と最も年齢が低い TD 児の語彙数は同程度ですが、
年齢が 2 群の間になる LT 児の語彙数がかなり低いことがわかります。そし
て、子どもの語彙特性を保護者がチェックした MCDI の結果に基づいて 3 つ
の群を比較したところ、LT 児と ASD 児の 2 群は名詞と動詞の比率が似てい
ましたが、両群とも TD 児より名詞の割合が少なく、名詞バイアス（語彙に含
まれる名詞が多い傾向）が弱いことがわかりました。そして、この弱さは LT
児により認められ、この（名詞が増えない）傾向が LT 児の語彙が増えない一
因ではないかともいわれています。また、ASD 児の表出語彙には社会・対人
関係的な動詞（ハグする、キスする、助ける、くすぐるなど）が少ないことが
明らかになりました。このように Jimenez らの研究結果は、LT 児や ASD 児
の語彙特性が TD 児とは質的に異なることを示唆しています。
　LT 児の問題は量的なものであり障害ではないと捉えるか、質的に異なるた
め指導が必要で予防的対策をとるべきと捉えるか、また、LT 児が追いつくか
どうかについても研究者によって見解がさまざまです。その理由に LT 児が均
質（homogeneous）ではなく、LT と判定されても、ことばを話しているもし
くは話していない程度、言語を理解する度合い、背景にある問題などがさまざ

まで大きな個人差があるためです。また、用いる検査や研究法が違うと、見えてくるものも異なります。ただ、近年では、大規模な調査が増え、新たな検査法や研究法を用いる研究が蓄積されてきて、LT 児の言語習得が定型発達とは異なるという結果や、追いつかない子どもの割合が少なくないことが報告されるようになっています。

2　追いつかない LT 児

Ellis & Thal（2008）は、577 名の 6 歳児が 16 か月児であった時にはどのような言語の状態であったかで、グループ 1：定型発達（461 名）、グループ 2：表出語彙のみの遅れ（14 ％）、グループ 3：理解も表出も遅れ（6 ％）の 3 つのグループに分けました。この研究では、6 歳の対象児全体（557 名）のうち 2.2 ％（13 名）が SLI（特異的言語発達障害）と判断されましたが、3 つの各グループでその SLI が何人出現したかを割合で見ますと、グループ 1 では 1.5 ％、グループ 2 では 3.7 ％、グループ 3 では 8.5 ％となりました。つまり、6 歳児の約 2 ％に言語発達障害が発現し、それが発生する割合が 1 歳 6 か月で LT であった場合が多く、しかも表出だけではなく理解面での遅れがあると言語発達障害に至るリスクが高いと示唆されました。

Zambrana ら（2014）は、ノルウェー語圏の 10,587 人の追跡調査データに基づいて 3 〜 5 歳の間でことばの遅れがあった子どもについて分析したところ、まず、3 歳で遅れがあった子どもは 8 ％、5 歳では 9.5 ％でした。そして、話し始めが遅くコミュニケーションスキルが低かった 3 歳児で 5 歳でも追いつかなかったのは 3 ％でした。一方、5 歳で追いついた子どもは 5 ％、後でことばの遅れが見つかった子どもは 6.5 ％いました。これはことばの遅れがあった 3 歳児の 37.5 ％は、5 歳でも遅れがあったことになります。5 歳で追いつかなかった子どもには男児が多く（女児の 2 倍）、言語理解が低く、家族歴がある子どもが家族歴のない子どもの 3 倍も含まれました。また、dyslexia（読み書き障害）がある者が家族にいるなどの家族歴がある場合は、遅れが継続するもしくは後で遅れが見つかる割合が増えるといいます。さらに、追いついた子どもに女児が多いのですが、後でことばの遅れが見つかった子どもにも女児が多

いということです。そして、女児の場合、言語理解力が弱いと、ことばの遅れ
が継続するリスクが高いことがわかりました。このように、ことばの遅れた子
どもたちがどのような発達をしていくか、そのプロセスは複数あり、本人の言
語能力だけでなく、性別や家族歴の有無なども追いつくかどうかに影響すると
示唆しています。

　Zambrana らは、LT 児の中で次の要因が認められる場合、5 歳で追いつか
ず、学習・就業の困難を来すリスクが高いといいます。

①言語の要因

・表出語彙（特に動詞）が少ない
・動作によるコミュニケーションが乏しい
・自発的なことばの模倣が乏しい　など

②言語以外の要因

・象徴的遊びが少ない
・玩具や使い方にこだわりなどが認められる
・親族内にことばや読み書きに障害がある人がいる
・男の子である　など

　Zambrana の調査対象児には、SLI だけでなく他の発達障害による言語の問
題がある子どもも含まれている可能性が高いですが、ここに挙げられた項目が
当てはまるものが多い子どもほど言語や学習の困難を呈するリスクが大きいと
考えられます。

　ところで、一旦追いついたように見えた LT 児の中には、就学後、言語能力
の低さや文法習得のつまずきが認められる場合があるという報告もあります。
このように LT 児が成長とともにどうなるのかについてさまざまな報告がある
のですが、それは先述したように LT 児と判断される子どもが同質ではなく、
遅れが発見された年齢、ことばを話している程度、言語を理解する程度、背景
にある問題などがさまざまで大きな個人差があるためです。それに加え、評価
する言語能力をコミュニケーションだけでなく、思考や学習のための学習言語

（田中，2021）を含めるかどうかにも影響されます。さらに、幼児期後半から習得される学習言語の評価については、書字言語（読み）だけでなく、音声言語も含めているか、特に語彙や文法だけでなくナラティブなどの高次の言語能力を評価するかで追いついた LT 児の割合や言語・学習困難の割合に違いが出ます。

3　将来のリスクを予測する項目

　Chilosi ら（2019）はことばの遅れで相談に来ている LT 児 50 名を約 2 年間追跡し、3 歳や 4 歳の時点での言語の発達を直接的（子どもにテストを実施する）・間接的（保護者に語のリストをチェックしてもらう）に評価して検討しました。研究に参加した LT 児（平均月齢 27.7 か月、男児 37 名女児 13 名）の平均表出語彙数は 55.4 語（定型発達 18 〜 19 か月児レベル）で、16 ％の子どもは 2 語文を話し出していましたが、約 60 ％に言語理解の遅れがあり、中には重篤な理解の遅れが認められた子ども（全体の 28 ％）がいました。約 1 年後（平均月齢 37.6 か月）の 3 歳では 24 ％が追いつきましたが、残りの 76 ％に継続した遅れが認められました。また、3 歳まで遅れが継続した LT 児の約 70 ％は 4 歳で文法の習得に問題が認められ、言語発達障害と判断されました。これは今回参加した対象児の 46 ％に相当しますので、2 歳の LT 児のほぼ半数は 4 歳で言語発達障害に至ったことになり、この後の追跡を続けるとさらに増える可能性があります。このように Chilosi らの結果が他の追跡調査より追いついた割合がかなり少ないのですが、それは対象児全員が 2 〜 3 歳ですでにクリニックにことばの遅れで相談に来ているためです。従って、2 歳ころからことばの表出面で重篤な遅れがある場合や理解も低い場合は半数近くが言語発達障害に至ると考えられます。

　さらに、Chilosi らは 2 歳や 3 歳で実施した評価のうちでどの項目が後に追いつくかどうかを予測するかを検討したところ、2 歳台では理解言語、3 歳では表出言語の予測性が高いことがわかりました。いずれにしても 2 歳〜 2 歳 6 か月で理解や表出言語に深刻な遅れがある場合（例えば、平均より 1.5 〜 2 標準偏差低いなど）、言語発達障害に至るリスクが高いため、2 〜 3 歳での適切

な言語評価と言語指導の必要性を提言しています。

　従来から言語聴覚士や保護者による早期からの支援・指導の効果については
プラスの結果が報告されています。例えば、Girolametto ら（2001）は、こと
ばを話すようにならないなどの表出面の遅れでことばの遅れを指摘された 2 歳
児がそのまま放置されると後で追いつく率は 50 ％ですが、保護者指導を実施
すると 86 ％は追いつくと報告しています。もちろん学齢期以降では、言語だ
けでなく学習促進や行動統制に必要な実行スキル（executive function）やワ
ーキングメモリの指導、行動や対人関係問題を軽減するために情緒や行動抑制
の指導なども必要ですが、これらの指導や指示は言語を用いて行われますの
で、幼い段階からことばの遅れを捉え、さまざまな取り組みの土台となる言語
の発達の促進を狙うのが支援全体に効果をもたらすといえます。

4　LT 児はリテラシーや学習が遅れる？

　Snowling ら（2015）は、220 名を 3 歳 6 カ月から 8 歳 6 カ月まで追跡し、
この間に定型発達を示した子ども 145 名、ことばの遅れがあったが追いついた
子ども 12 名、ことばの遅れが継続した子ども 42 名、後でことばの遅れが見つ
かった子ども 21 名の 4 つ群に分け、それぞれの発達プロセスやリテラシーの
習得について検討しました。その結果、3 歳 6 か月時にことばの遅れがあり、
8 歳で追いついたのは 22 ％だけで、78 ％は遅れたままでした。このように遅
れが継続した子どもが他の研究と違って多いのは、参加した子どもの家族に
dyslexia がいる場合が多く、3 歳ですでに言語発達障害があると判定された幼

児が主に参加したからです。そして、早期のことばの遅れが継続する子どもには男児が多く、8歳になっても表出語彙が定型発達児よりかなり低いことなどがわかりました。また、追いついた子どもは3歳時に測定した言語理解力、語彙数、動作性IQが追いつかなかった子どもより高かったため、これらの評価が追いつくかどうかの判断に役立つことが示唆されました。5歳になってからことばの問題が見つかった子どもは8歳でも言語の成績が低く、3歳から遅れが継続したグループと同程度でした。8歳でのリテラシーの習得について比べると、5歳で追いついた群は8歳でのリテラシーの成績はTD児と同じでしたが、後で遅れが見つかった群や遅れが継続した群の子どもにはリテラシーの成績が低く、習得につまずきが認められました。つまり、ことばの遅れが3歳で発見されても5歳で発見されても、幼児期にことばの遅れがある場合は就学後読み書きに問題が出るリスクが高いということです。また、3歳からことばの遅れがあった子どもの41%、5歳で見つかった子どもの48%が8歳でdys-lexiaと判定されました。一方、幼児期から継続的に言語指導や読み書き指導を受け遅れが改善された子どもは語彙や文法に弱さがあるものの、リテラシーの習得のつまずきや学業不振のリスクは軽減されたと報告しています。そのため、ことばの遅れの早期発見・支援が就学後の問題の軽減につながることがわかります。

　Matte-Landryら（2020）がカナダの双生児564名（男49.1%、二卵性56.7%）の追跡研究のデータを用い、1歳6か月の時点でことばの遅れがあった子どもが5歳までに追いついた場合と追いつかなかった場合を比較し、さらにこの違いが小学校での言語、学習、適応行動などに関連するのかを調べました。まず、保護者によるチェックシートを用いた語彙数から1歳6か月でことばの数が少ない、いわゆることばの遅れが認められたLT児67名（全体の11.9%）を特定しました。次に、5歳になった時点での表出語彙や理解語彙の検査結果から、67名のうち30名（男12名、女18名）が遅れたままであることがわかりました。つまり、2歳6カ月でことばの遅れがあった子どもの約45%が追いつきませんでした。そして、追いついた30名と追いつかなかった29名の1歳6か月時の言語成績を比較すると（残りの8名は5歳時点で言語検査の成績が平均より高い子どもなので除外しました）、理解できる語彙数に違いがあり

ました。つまり、4年後に追いつくかどうかは、1歳6か月での理解できることばの数で、少ないと追いつかないリスクが高いということになります。さらに、5歳で追いつかなかった子どもの学童期（小1〜小6）における学業や行動面を調べると、言語はもちろんのこと算数などの教科学習が難しく、行動の問題（注意欠如多動性）、いじめを含む対人関係の難しさ、行動抑制の難しさなどの心理・社会的適応における問題も認められました。一方、5歳で追いついた子どもは小学校における言語や学習面では問題がありませんでしたが、低学年ではケンカやいじめなどの対人関係の問題が生じる傾向にあったということです。Matte-Landry らは、このような結果から早期の言語発達の評価の大切さを示唆しており、2〜3歳での言語評価によって個々の子どもがもつ将来のリスクを早く検知し、早期の支援・サービスを受ける機会につなげることが後のリスクを減らすことにつながると示唆しています。また、早期にことばの遅れがあった子どもを就学前後（5歳ごろ）には追いついているかどうかの確認を行うことで就学後の子どもが直面する困難を軽減することができるといいます。

　Jin ら（2020）は、ノルウェー語圏の8,731名の子どもを3歳から5歳、8歳と追跡調査した結果、3歳や5歳の時点での言語の成績が年齢平均より1.5標準偏差下回ると、8歳でのリテラシーの習得につまずくリスクが高いことがわかりました。また、ことばの遅れが3歳から継続した子どもに比べて、5歳で追いついた子どもや後で遅れが見つかった子どもの方がリテラシーの習得不振のリスクは低い傾向にあるものの、定型発達児に比べると成績は低く、習得がうまくいかない子どもの割合が高いことがわかりました。つまり、Dale ら（2014）がみせかけのキャッチアップと呼んだように5歳で追いついた子どもも問題はすっかり解消されるわけではなく、5歳で遅れがある子どもと同様にリテラシーの習得に困難を来すリスクが高いといえます。このように早期の音声言語の発達は就学後のリテラシーの習得と強く関連するため、ことばの遅れを早期に発見し、早期からの経過観察や指導の必要性を示唆しています。

5 後のリスクの予測性が高いキャッチアップの項目を チェックしてみよう

Sansaviniら（2021）はこれまでに行われた多数の研究結果を分析した結果、家族歴や経済状態などの環境要因を除くと、2歳6か月までに次の項目が認められる場合、言語発達障害に至るリスクが高いと報告しています。

①ジェスチャーによる表出が少ない
②理解と表出語彙が平均から−1.5SD以下
③2語文が出ていない
④文の理解が低い

　第1章で詳しく述べたように、LT児はジェスチャーによる表出が乏しいことがわかっています。また、LTとは、2歳で表出語彙が50語以下で2語文がほとんど出ていないという状態を指しますが、言語評価には言語表出だけでなく、理解語彙や文の理解課題も含めることで、将来追いつくかどうかの予測性が高くなります。特に、理解が低い場合、追いつかないリスクは高いため要注意となります。

　これらのリスク要因が認められるかどうか、発達健診の中で確認されるのが理想的ですが、近年の研究結果からLTの判断は2〜3歳で行い、言語発達障害があるかどうかは4歳台で行うのが適切であると示されています。そして、言語発達障害の判断は、複数の検査や保護者からの報告に基づいた上で適切なタイミングでの指導開始を推奨しています。

　そこで、言語発達障害に至るリスクを評価できるように、チェックリストを作成しました。1〜3歳のお子さんに試してLTかどうかの判断やことばの遅れがキャッチアップするのかの判断に役立ててください。

レイトトーカーかな？と思ったら
支援の必要性を検討するためのチェックリスト

子どもに「ことばの遅れ」が認められる場合、なかには後の言語発達障害や発達障害のサインの場合があります。対象となるお子さんに支援が必要かどうか、次の3つの項目でチェックしてみましょう。

1 ジェスチャー、表情、身振り、指さし

保護者と一緒にお子さんの普段の様子を確認し、一番近いものにチェックを入れてください

1．お子さんの機嫌のよいときや不安なときがわかりますか？

　　　□まだわからない　　　　□ときどきわかる　　　　□よくわかる

2．お子さんがおもちゃで遊んでいるとき、お子さんはあなたが自分を見ているかどうか確認するために、あなたの顔を見ますか？

　　　　　□まだしない　　　　□ときどきする　　　　□よくする

3．お子さんは、あなたを見ているときにあなたに笑いかけますか？

　　　　　□まだしない　　　　□ときどきする　　　　□よくする

4．あなたが離れた場所にあるおもちゃを見ながら指さしたとき、お子さんはそれを見ますか？

　　　　　□まだしない　　　　□ときどきする　　　　□よくする

5．助けが必要なときや手の届かない場所にあるものが欲しいとき、お子さんはそれをあなたに伝えようとしますか？

　　　　　□まだしない　　　　□ときどきする　　　　□よくする

6．あなたがお子さんに注意を向けていないとき、お子さんはあなたの注意をひこうとしますか？

　　　　　□まだしない　　　　□ときどきする　　　　□よくする

7．お子さんは、あなたを微笑ませる目的のために、何かをすることがありますか？

　　　　　□まだしない　　　　□ときどきする　　　　□よくする

8．お子さんが興味深いものを見つけたときに、あなたの注意をそちらに向けようとしますか？
（そのものをとってほしいなど、あなたに何かをしてもらうことではなく、あなたに見てもらうことが目的でそうしますか？）

　　　　　□まだしない　　　　□ときどきする　　　　□よくする

9．お子さんは、ものを持ち、それをあなたにわたすことがありますか？

　　　　　□まだしない　　　　□ときどきする　　　　□よくする

10．お子さんは、ものをあなたにわたすことなく、見せることがありますか？

　　　　　□まだしない　　　　□ときどきする　　　　□よくする

11．お子さんは、ひとに向けて手を振りますか？

　　　　　□まだしない　　　　□ときどきする　　　　□よくする

12．お子さんは、ものを指さししますか？

　　　　　□まだしない　　　　□ときどきする　　　　□よくする

13．お子さんは、顔でうなづいてお返事することがありますか？

　　　　　□まだしない　　　　□ときどきする　　　　□よくする

2　ことばの理解

別添の絵をお子さんに見せて、「○○はどれ？」とお子さんに問いかけてみましょう。
何個指さしで答えられるでしょうか？

単語リスト	ぞう	ちょうちょ	バス	電車	ボール
	牛乳	バナナ	パン	ジュース	くつ
	手	目	スプーン	花	はっぱ

お子さんが正しく指をさせた単語の数	個

3　ことばの表出

お子さんはどのようにことばを表現しているでしょうか？
動詞の表出、2 語文の表出を見てみましょう。

3-1　お子さんは下記のリストの動詞をいくつ表出しているでしょうか？
あてはまるものに○をつけましょう

動詞リスト	する	やる	食べる	入れる	行く
	作る	入る	乗る	飲む	切る
	寝る	遊ぶ	見る	取る	持つ
	洗う	起きる	座る	置く	脱ぐ

お子さんが表出する動詞の数	個

3-2　「文の多様性」をチェックしましょう。お子さんと 30 分程度遊びます。お子さんの発話に、異なる名詞と動詞の組み合わせがどのくらいあるでしょうか？
　例)「ごはん　つくります」　名詞：ごはん　+　動詞：つくる　⇒　1
　　　「りんご　たべたい」　名詞：りんご　+　動詞：たべる　⇒　1
名詞と名詞の組み合わせ（例：「これはバナナ」名詞：これ　+　名詞：バナナ）や、名詞と形容詞の組み合わせ（例：「ぞうさんおおきいねえ」　名詞：ぞう+形容詞：おおきい）は数えません。また、「ある」「いる」などは除外します（詳細は第 4 章を参照）。

文の多様性スコア	

支援の必要性を検討するためのチェックリスト
（採点と参考値）

1 ジェスチャー、表情、身振り、指さし

下記の基準で得点をつけます。

□ まだしない … 0 点 　　□ ときどきする … 1 点 □ よくする … 2 点

合計得点	

2 ことばの理解	お子さんが正しく指をさせた単語の数	個

3 ことばの表出	お子さんが表出する動詞の数	個
	文の多様性スコア	

	24 か月	30 か月	36 か月
1 ジェスチャー	19 点以上		
2 ことばの理解	3 つ以上	6 個以上	10 個以上
3-1 動詞の表出	1 個以上	5 個以上	10 個以上
3-2 文の多様性		男児　7 以上 女児　14 以上	

24 か月、30 か月で上記に達していない場合は、安易に「大丈夫」とせず、保護者に丁寧な助言をしながら経過観察しましょう。

36 か月で上記の基準に達していない場合、言語聴覚士などの専門家によるより詳細な評価を検討しましょう。

〈保護者の方へ〉
本書でも何度も触れていますが、この時期のお子さんの言語発達は個人差があります。チェックリストの基準が言語発達障害の有無や診断をきめるものではありません。一人で悩まずに、安心のためにもなるべく早めに専門機関に相談しましょう。

〈専門家の方へ〉
本チェックリストは、スクリーニング的に使用するものであり、結果により医学的もしくは言語病理学的診断ができるものではありません。より丁寧な評価、助言につなげるツールとしてご使用ください。

チェックリストに使用した質問および語彙は以下を参考に作成しました。

1　ジェスチャー
質問および基準値は、Prizant & Wetheby（2002）CSBS DP infant-toddler Checklist: copy-righted by Brookes Publishing を基に作成しました。

2　ことばの理解
選定した語彙は、小椋ら（2016）日本語マッカーサー乳幼児言語発達質問紙の開発と研究（ナカニシヤ出版）に掲載されている定型発達児標準データを参考にしました。回答の基準値は筆者らの臨床的判断を基準としています。

3　ことばの表出
ニッセイ財団 2021 年度児童・少年の健全育成実践的研究助成を受けて実施した『言語の問題を早期に発見する評価法の開発：文の多様性の視点から』（研究代表者：遠藤俊介）のデータをもとに語彙選定および基準値を作成しました。

チェックリスト　ことばの理解　図版①

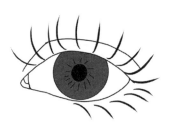

チェックリスト　ことばの理解　図版②

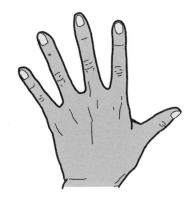 

文献

Chilosi, A. M., Pfanner, L., Pecini, C., Salvadorini, R., Casalini, C., Brizzolara, D., & Ciprianim P. (2019). Which linguistic measures distinguish transient from persistent language problems in Late Talkers from 2 to 4 years? A study on Italian speaking children. Research in Developmental Disabilities 89, 59-68.

Dale, P. S., McMillan, A. J., Hayiou-Thomas, M. E., & Plomin, R. (2014). Illusory recovery: Are recovered children with early language delay at continuing elevated risk? American Journal of Speech-Language Pathology, 23 (3), 437-447.

Ellis, E. M., & Thal, D. J. (2008). Early language delay and risk for language impairment. The American Speech-Language-Hearing Association (ASHA), Perspectives on Langueage Learning and Education, 93-100.

Girolametto, L., Wiigs, M., Smyth, R., Weitzman, E., & Pearce, P. S. (2001). Children with a history of expressive vocabulary delay: Outcomes at 5 years of age. American Journal of Speech-Language Pathology, 10. 358-369.

Jimenez, E., Haebig, E., & Hills, T. T. (2020). Identifying areas of overlap and distinction in early lexical profiles of children with autism spectrum disorder, late talkers, and typical talkers. Journal of Autism and Developmental Disorders, 51, 3109-3125.

Jin, F., Schioberg, S., Wang, M. V. et al. (2020). Predicting literacy skills at 8 years from preschool language trajectories: A population-based cohort study. Journal of Speech, Language, and Hearing Research, 63. 2752-2762.

Matte-Landry A., Boivin, M., Tanguay-Garneau, L. et al. (2020). Children with persistent versus Transient early language delay: Language, academic, and psychosocial outcomes in elementary school. Journal of Speech, Language, and Hearing Research, 63. 3760-3774.

Rescorla, L. Roberts J., & Dahlsgaard, K. (1997). Late talkers at 2: Outcome at age 3. Journal of Speech, Language, and Hearing Research, 40, 556-566.

Sansavini, A., Favilla, M. E., Guasti, M. T. et al. (2021). Developmental language disorder: Early predictors, age for the diagnosis, and diagnostic tools. A scoping review. Brain Sciences, 11, 654. http://doi.org/10.3390/brainsci11050654.

Snowling, M. J., Duff, F. J., Nash, H. M., & Hulme, C. (2016). Language profiles and literacy outcomes of children with resolving, emerging, or persisting language impairment. The Journal of Child Psychology and Psychiatry, 57 (12), 1360-1369.

田中裕美子 (2021) 特異的言語発達障害. 深浦純一・藤野博・石坂郁代 (編集)　標準言語　聴覚障害学　言語発達障害第 3 版. 101-117.

Zambrana, I. M., Pons, F., Eadie, P. Ystrom, E. (2014). Trajectories of language delay from age 3 to 5: persistence, recovery and late onset. International Journal of Language and Communication Disorders, 49, 304-316.

おわりに

　LT に興味をもち始めたのは、SLI の臨床研究を始めた 20 年くらい前でした。SLI の日本語症状を見つけようとさまざまな課題を考え実施をしていましたが、会話内でことばの省略が多い日本語の特性のために子どもが言えないから言わないのか、言えるけど言わないのかがよくわからないという壁に悩んでいました。丁度そのころから LT 児の追跡研究の結果が欧米で報告され始め、知的障害や ASD 傾向がないがことばが遅れるという LT 児のプロフィールは、その後 SLI に至る子どもに違いない、LT 児の臨床プロフィールが明らかになれば、日本の発達健診が SLI の早期発見に大きな役割を果たす可能性があるとも思いました。そこで、ASHA の学会で追跡研究結果を発表していた Thal 先生に「LT とはどんな子どもなのか」を直接聞いてみました。すると、彼女の答えは LT 児は「平均の下限にいる子どもたち」で言語発達障害があるとはいえないというものでした。それを聞いて、原因不明の「ことばの遅れがある」2 歳児と SLI との関連性が薄いということがわかり、しばらく LT についてはあまり注意を払って来ませんでした。

　その約 10 年後、ASHA の学会で、たまたま Hadely 先生と Rispoli 先生の「早期の文法評価：二語文の多様性評価」についての発表を聞き、これは日本語でも使える、SLI の早期発見につながる LT の言語症状を明らかにできる可能性が高いと判断し、Rispoli 先生に日本語での応用を相談したところ、快諾してくれました。その後、日本コミュニケーション障害学会言語発達障害研究分科会の臨床研究のテーマの 1 つとして若い ST メンバー、遠藤氏や金屋氏が中心になって取り組んできました。そして、LT の実態を明らかにする評価法（文多様性）や発見後の指導法（トイトーク）の開発研究につながり、本書の執筆に至りました。

　今回、本書を執筆するにあたり、近年の研究論文を検討すると、Late Language Emergence ということばを使っている場合があること、発見時の 2 歳では平均の下限にいるものの多くは 3 歳ころには追いつくが、追いつかない LT 児がいること、「ことばの遅れ」は 3 歳台までで、それ以降は「言語発達

障害」と判断することなどがはっきり書かれていることに気づきました。そして、語彙量や標準得点などの量的視点だけでなく、質的な分析（動詞の習得）にも着目し、刺激量を増やすだけではなく、刺激の質を検討する必要があることもわかりました。このように LT は今後の臨床研究に向けてさまざまなテーマを含んでおり、本書によりことばの遅れ、言語発達障害の研究がますます広がり深まることを期待します。

　最後に、本書の執筆、出版の機会を提供してくださった学苑社の杉本氏の根気強いサポートに感謝します。

令和 5 年 3 月 10 日

田中裕美子

著者紹介

田中 裕美子（たなか・ゆみこ）【編集、はじめに、第 1 章、第 5 章、コラム 1 〜 4、おわりに】
　大阪公立大学生活科学学科卒業後、乳幼児発達健診や子どもの心理療法に携わる。大阪教育大学大学院障害児教育修士課程に入学後、日本の INREAL 立ち上げに携わったことから、米国コロラド大学 Communication Disorder & Speech Science 学部の奨学金を得て博士課程に入学。Ph.D 取得後、米国カンサス大学 Child Language ポストドクタープログラムに参加し、SLI の研究について学ぶ。国際医療福祉大学言語聴覚学科准教授、大阪芸術大学初等芸術教育学科教授として日本の SLI や LD の臨床研究、言語発達の縦断追跡研究、子育て相談などに従事。日本コミュニケーション障害学会言語発達障害研究分科会代表。NPO 法人どこでもことばドア代表理事。

遠藤 俊介（えんどう・しゅんすけ）【第 2 章〜第 4 章】
　横浜国立大学教育学部卒業。東京福祉大学大学院児童学修了。入所施設の児童指導員として知的障害児の日常生活支援を経験後、国立障害者リハビリテーションセンター学院言語聴覚学科にて学び、言語聴覚士となる。福祉分野で知的障害児および発達障害児の地域生活支援に携わった後、埼玉県立小児医療センター保健発達部に勤務。日本コミュニケーション障害学会言語発達障害研究分科会所属。2022 年より NPO 法人どこでもことばドア理事。2023 年より群馬パース大学リハビリテーション学部言語聴覚学科講師。

金屋 麻衣（かなや・まい）【第 2 章、第 3 章】
　国際医療福祉大学保健医療学部言語聴覚学科卒業。総合病院国保旭中央病院 小児科で言語聴覚士として勤務。日本コミュニケーション障害学会言語発達障害研究分科会所属。NPO 法人どこでもことばドア理事。

イラスト　溝端 瑞季
装丁　　　有泉 武己

ことばの遅れがある子ども
レイトトーカー（LT）の理解と支援

©2023

2023年5月10日　初版第1刷発行
2024年2月20日　初版第2刷発行

編著者　田中裕美子
著　者　遠藤俊介・金屋麻衣
発行者　杉本哲也
発行所　株式会社 学苑社
　　　　東京都千代田区富士見2－10－2
電話　　03（3263）3817
FAX　　03（3263）2410
振替　　00100－7－177379
印刷・製本　藤原印刷株式会社

検印省略

乱丁落丁はお取り替えいたします。
定価はカバーに表示してあります。

ISBN978-4-7614-0844-2　C3037